DOENÇAS RARAS E POLÍTICAS PÚBLICAS: ENTENDER, ACOLHER E ATENDER

Rosangela Wolff Moro

DOENÇAS RARAS E POLÍTICAS PÚBLICAS: ENTENDER, ACOLHER E ATENDER

© 2020 - Rosangela Wolff Moro
Direitos em língua portuguesa para o Brasil:
Matrix Editora
www.matrixeditora.com.br

Diretor editorial
Paulo Tadeu

Capa, projeto gráfico e diagramação
Allan Martini Colombo

Revisão
Cida Medeiros
Silvia Parollo

Dados Internacionais de Catalogação na Publicação (CIP) de acordo com ISBD

Moro, Rosangela Wolff
Doenças raras e políticas públicas / Rosangela Wolff Moro. - São Paulo, SP: Matrix Editora, 2020.
128 p.; 16cm x 23cm.

ISBN: 978-85-8230-640-6

1. Políticas públicas. 2. Saúde. 3. Doenças raras. I. Título.

2020-288

CDD: 362.10425
CDU: 616-002.5

Elaborado por Vagner Rodolfo da Silva - CRB-8/9410
Índice para catálogo sistemático:
1. Políticas públicas : Saúde 362.10425
2. Políticas públicas : Saúde 616-002.5

SUMÁRIO

Prefácio 7
Apresentação 15
Capítulo 1
O que são doenças raras? 19
Capítulo 2
Como as doenças raras entraram em minha vida 21
Capítulo 3
Doenças raras no âmbito do Poder Executivo 29
Capítulo 4
Políticas públicas (in)existentes para doenças raras no âmbito do Poder Legislativo 69
Capítulo 5
Doenças raras no âmbito do Poder Judiciário | Política pública (não) implementada 73
Capítulo 6
A limitação orçamentária 79
CONCLUSÃO 99
ANEXO I – O que temos no Executivo 103
ANEXO II – O que temos no Legislativo 127

Prefácio

A importância da obra

O livro *Doenças raras e políticas públicas: entender, acolher e atender*, da advogada Rosangela Wolff Moro, além de apresentar o histórico da criação da Associação Niemann Pick Brasil (ANPB) – instituição sem fins lucrativos que presta apoio às pessoas com as doenças raras Niemann Pick e Batten em todo o país –, oferece uma magnífica perspectiva sobre essas síndromes, a importância do papel das associações dedicadas ao tema e como elas podem influenciar o comportamento dos vários atores nesse setor.

O livro explica claramente a situação das doenças raras no Brasil, as dificuldades encontradas e as sugestões para superá-las, demonstrando a necessidade de motivar o governo e a iniciativa privada a darem mais atenção ao tratamento de tais moléstias.

É uma importante obra que deve ser lida por todos os envolvidos com doenças raras e/ou crônicas, incluindo, entre outros, os membros do governo, os profissionais da área de saúde, as associações relacionadas e o público em geral, a fim de aumentar o nível de conscientização. A autora tem cumprido sua missão em trazer essa questão ao conhecimento público e ao debate.

As doenças complexas já fazem parte do meu cotidiano desde 2006, quando minha mãe foi diagnosticada com Alzheimer. Mesmo não sendo rara, é uma doença complexa e muito difícil na vida de qualquer pessoa. Não é nada fácil para uma família suportar as dificuldades causadas por tal doença, mesmo sendo ela de fácil diagnóstico. Periodicamente, o Brasil Monaco Project (BMP), fundação que criei e presido, tem o prazer de organizar a premiação "Uma pessoa que faz a diferença". Entre os premiados, destacam-se Viviane Senna, presidente do Instituto Airton Senna, e Sebastião Salgado, do Instituto Terra.

No ano de 2018, uma pesquisa feita pelo Conselho do BMP reconheceu o compromisso inabalável do então juiz federal Sergio Moro e avaliou que ele era a pessoa ideal para receber esse prêmio por sua luta contra a corrupção. Foi nesse momento que se deu o meu primeiro contato com doenças raras, por meio da dra. Rosangela Wolff Moro, sua esposa, que me fez conhecer esse mundo e a quem hoje só tenho a agradecer.

A dra. Rosangela Wolff Moro me apresentou duas associações que fazem um trabalho lindo. Em março de 2018, tive a oportunidade de participar de um simpósio organizado pela ANPB, e fiquei muito impressionada ao encontrar familiares de crianças e jovens afetados por doenças nada convencionais. Foi muito emocionante.

Espero que por meio do Brasil Monaco Project eu possa continuar a contribuir para que as doenças raras sejam mais divulgadas. Aproveito para agradecer a todos os benfeitores do BMP. É graças a eles que nós podemos fazer a diferença. Como disse Madre Teresa de Calcutá, "Percebemos que o que estamos fazendo é apenas uma gota no meio de um oceano. Mas, sem ela, o oceano será menor".

Sempre imaginei que havia nascido para ajudar as pessoas, sempre sonhei que um dia encontraria uma maneira de poder ajudar o próximo, principalmente os menos favorecidos. A dificuldade era imaginar como poderia fazer com que as pessoas pudessem me ouvir, como encontrar o meio de unir forças para ajudar o próximo e contribuir para um mundo melhor.

Desde o ano 2000, vivendo em Mônaco, sentia muita falta do meu país e frequentemente me perguntava como poderia ter um contato maior com o Brasil. A nomeação do meu marido como cônsul honorário do Brasil em Mônaco foi o trampolim para chegar ao meu objetivo, mas ainda faltava algo!

Foi quando, em 2012, em uma conversa com Sua Alteza Sereníssima Príncipe Albert II, ele sugeriu que eu criasse uma associação para estabelecer uma conexão mais forte entre Brasil e Mônaco e, assim, ter um intercâmbio maior entre as duas nações, que, apesar de muito diferentes, compartilham valores comuns. Foi ali que vi que esse era o momento de criar uma espécie de ponte e poder unir nossas forças.

O momento não podia ser melhor. Todos os holofotes estavam voltados para o Brasil: Copa do Mundo em 2014 e Jogos Olímpicos em 2016.

Vendo todo o apogeu do qual o Brasil desfrutava, não perdi muito tempo e poucos meses depois estava criada a associação sem fins lucrativos Brasil Monaco Project, da qual Sua Alteza Sereníssima Príncipe Albert II aceitou ser o presidente de honra.

A associação é um grande orgulho para mim. Por meio dela, pude me manter muito mais próxima da minha terra natal, vivendo no meu país de coração, e podendo realizar um dos meus mais sinceros desejos, que é o de ajudar ao próximo.

O BMP me permitiu ir ao encontro de pessoas maravilhosas, aquelas que querem fazer a diferença, algo por alguém, derrubando as barreiras entre povos e nações, misturando nacionalidades, ricos e pobres, mostrando que no final somos todos iguais, e que todos podemos ajudar, não importa como.

Permitiu-me também um verdadeiro crescimento humano.

Agradeço a Sua Alteza Sereníssima Príncipe Albert II por ter aceitado ser o presidente de honra do BMP e ter dado desde o início todo seu apoio e encorajamento, e a todos os mecenas que contribuem para que, por meio do BMP, possamos adicionar uma gota de água ao oceano.

Luciana de Montigny
Presidente e fundadora do
Brasil Monaco Project

Esta obra é dedicada às associações de pacientes com doenças raras e seus familiares, com o objetivo de refletir sobre a problemática do cuidado desse grupo de doenças no Brasil, sem entrar nas necessidades clínicas específicas – tarefa dos profissionais da área da saúde.

Dedico, com carinho especial, a Cássia, Rejane, Toni, Fernanda, Luciana e Camylle, na exata sequência em que a vida me apresentou a cada um deles.

Mais ainda, dedico à Casa Hunter (SP), que incansavelmente se coloca na defesa das pessoas com doenças raras, e ao Brasil Monaco Project, que nunca deixou de contribuir para esse tão nobre trabalho.

Agradeço a Deus a oportunidade de ter sido apresentada a esse tema das doenças raras, que me é tão caro e envolve a minha rotina de trabalho desde 2012.

Apresentação

A minha experiência na prática jurídica voltada para a defesa dos interesses e dos direitos das pessoas com doenças raras foi o que me inspirou a escrever este livro. Meu contato direto com os pacientes, por meio de associações que agregam famílias de pessoas com síndromes raras, me mostrou as dificuldades enfrentadas e me apontou um caminho para ajudá-los.

Muitas famílias se desfazem, se desestruturam, após receberem o diagnóstico. Pais abandonam suas esposas, mães abandonam filhos, e filhos abandonam pais por medo do desconhecido, por imaturidade emocional ou por mero descaso. Os que ficam enfrentam a doença e vivem momentos desafiadores: falta de acesso a profissionais especializados, atraso no diagnóstico, falta de qualidade de informação e atendimento, escasso conhecimento científico sobre a doença, consequências sociais, iniquidades e dificuldades para obter cuidados e tratamentos.

A experiência de vida me ensinou que o tema das doenças raras envolve diversos atores, dentre eles o Estado, a indústria farmacêutica, a comunidade científica, as pessoas acometidas pelas moléstias, seus familiares e a sociedade. A atuação conjunta de todos esses atores é o melhor caminho na busca de grandes avanços. A multidisciplinaridade e a intersetorialidade são palavras de ordem para o tema.

O trabalho do Estado é insuficiente para suprir as necessidades dos pacientes e de seus familiares. Refiro-me a muito mais que a insuficiência de recursos. Há falta de quase tudo, a começar pelo desconhecimento sobre as doenças. Por serem raras, muitas vezes não há literatura ou informação suficiente para acalentar as famílias, seja sobre diagnóstico, seja sobre o tratamento. Há uma enorme lacuna a ser preenchida, e esse espaço tem sido terreno fértil para o trabalho democrático realizado pelas associações.

As associações ganharam envergadura e hoje se fazem presentes, ainda que timidamente, nos debates, nas agendas e pautas governamentais. Se em sua essência as associações de pacientes buscam mútuo amparo e solidariedade, atualmente exercem relevante papel na representatividade desse segmento da sociedade para o atendimento completo de todas as necessidades das pessoas com doenças raras.

Como exemplo, a associação norte-americana National Organization for Rare Disorders (NORD)[1] teve um papel fundamental na aprovação de uma lei para ajudar no desenvolvimento dos medicamentos órfãos – "The Orphan Drug Act". Assinada em 1983, a lei consiste em linhas especiais de financiamento sob condições diferenciadas para pesquisas sobre medicamentos órfãos, aqueles que não são objeto de interesse comercial da indústria farmacêutica dada a baixa demanda.

Outro exemplo aconteceu no âmbito da Organização das Nações Unidas (ONU), quando as associações de pessoas com deficiência aprovaram a Convenção Internacional sobre os Direitos das Pessoas com Deficiência (CDPD) em tempo recorde de tramitação, em 2006. Graças à mobilização das associações de pacientes, esse instrumento teve trâmite de apenas cinco anos até a sua aprovação. No Brasil, a Convenção foi admitida com *status* de emenda constitucional e promulgada em 2009.

Aqui, um exemplo de atividade proativa das associações se deu em 2014 com a implementação da Política Nacional de Atenção Integral às Pessoas com Doenças Raras, no âmbito do Ministério da Saúde. Embora seja um grande avanço, ainda é insatisfatório quando se trata das necessidades das pessoas com doenças raras.

---

1 National Organization for Rare Disorders: Organização Nacional para Doenças Raras, em tradução livre.

A par dos exemplos já citados e de várias outras conquistas decorrentes da atuação das associações de pacientes, acredito que o trabalho dessas entidades esteja no caminho certo.

Espero poder contribuir com as organizações e as famílias por elas representadas por meio desta obra, que pretende ser a primeira de uma série de reflexões sobre o tema, fazendo uma retrospectiva de tudo que já foi alcançado via política pública voltada às pessoas com doenças raras, nos âmbitos dos poderes Executivo, Legislativo e Judiciário.

Espero ainda poder sensibilizar os técnicos, profissionais de saúde, gestores e parlamentares ao dar luz a inúmeras discussões já iniciadas e debatidas em audiências públicas, e que são imprescindíveis para a causa das doenças raras.

A autora

Capítulo 1

O que são doenças raras?

As doenças raras, conforme descreve o Ministério da Saúde (MS), são caracterizadas por uma ampla diversidade de sinais e sintomas e variam não só de doença para doença, mas também de pessoa para pessoa acometida pela mesma condição. Nem todas as doenças raras possuem tratamento. Poucas são evitáveis ou curáveis.

Para a Organização Mundial da Saúde (OMS), uma doença é considerada rara quando acomete 65 pessoas para cada grupo de 100 mil habitantes. O conceito de doença rara é dado pelo critério da prevalência (ver tabela a seguir).

Segundo recente artigo científico coordenado pelo Instituto Nacional Francês de Saúde e Pesquisa Médica[2], estima-se que o número de pessoas que vivem com alguma doença rara no mundo seja de 300 milhões. No Brasil, dados da Associação da Indústria Farmacêutica de Pesquisa (Interfarma) estimam que 13 milhões de brasileiros são acometidos por alguma enfermidade rara.

---

2 Nguengang Wakap, S; Lambert, D. M; Olry, A. *et al*. Estimating cumulative point prevalence of rare diseases: analysis of the Orphanet database. *European Journal Human Genetics* (2019) doi: 10.1038 / s41431-019-0508-0 publicado em 16/9/2019. Disponível em: https://www.nature.com/articles/s41431-019-0508-0. Acesso em: 23/1/2020.

A European Organisation for Rare Diseases (Eurordis)[3] informa que cerca de 6 mil a 8 mil doenças raras já estão catalogadas hoje, das quais 72% têm origem genética. Estima-se que em torno de 500 doenças possam receber algum tipo de tratamento.

O Sistema Único de Saúde (SUS) oferta terapias para cerca de 45 doenças raras por meio de Protocolos Clínicos de Diretrizes Terapêuticas (PCDT), recomendados pela Comissão Nacional de Incorporação de Tecnologias (Conitec), órgão que faz parte da Secretaria de Ciência, Tecnologia, Inovação e Insumos Estratégicos em Saúde (SCTIE), do Ministério da Saúde.

Tabela 1. Definição de doença rara baseada no critério de prevalência

Países	Prevalência em 100 mil habitantes	Origem
Estados Unidos da América	66	*Orphan Drug Act* 1983
União Europeia	50	*Regulation EC* nº 141/2000
Japão	40	*Orphan Drug Act* 1993
Austrália	11	*Orphan Drug Program* 1997
Suécia	10	*Swedish National Board of Health and Welfare*
França	50	*Regulation EC* nº 141/2000
Holanda	50	*Regulation EC* nº 141/2000
Organização Mundial da Saúde (OMS)	65	Organização Mundial da Saúde (OMS)

Fonte: DENIS (2009, p. 10).

---

3 European Organisation for Rare Diseases (Eurordis) é uma aliança única, sem fins lucrativos, que reúne 869 associações de doenças raras de 71 países que trabalham juntas para melhorar a vida de 30 milhões de pessoas com doenças raras na Europa.

Capítulo 2

Como as doenças raras entraram em minha vida

História da Cássia e da Renata

Ao ouvir a história da Cássia Villen, mãe da Renata, em 2012, mal sabia que aquele encontro impactaria a minha vida. Senti-me abençoada.

Cássia contou que teve gestação e parto absolutamente normais. Em 14 de agosto de 1989, Renata chegou ao mundo. Com dois anos e meio, ela aprendeu a andar. A sua infância progrediu normalmente até completar 6 anos, quando começou a frequentar a escola de Ensino Infantil e apresentou um atraso em seu desenvolvimento, se comparada às demais crianças da sua classe.

Curiosamente, Renata e eu dividíamos uma parte da nossa história. Frequentamos a mesma escola de Ensino Fundamental – o que me trouxe ainda mais empatia pelo caso. Tenho boas lembranças dessa escola até hoje.

Por estar apreensiva com seu bem-estar, Cássia espiava a filha nos recreios escolares. Cortava-lhe o coração ver que Renata não tinha amigos, não era procurada nem socializava com os colegas da escola.

Aos 9 anos, Renata teve sua primeira convulsão. Estava em casa. Foi a primeira vez que Cássia havia tido contato com uma convulsão. Assustada ao ver sua filha caída ao chão com a rigidez de uma desfalecida, ela procurou imediatamente um médico. Esse foi o começo de uma longa jornada. Após realizar vários exames, Renata passou a tomar medicamentos anticonvulsivos, que a deixavam notavelmente letárgica, como se estivesse dopada. Após uma semana de uso contínuo, a piora no seu quadro era notável.

Algo não estava bem.

Cássia insistiu na substituição do medicamento, pois não acreditava ser possível que, no curtíssimo prazo de uma semana, uma doença pudesse ter progredido tão rapidamente. Tratava-se de uma prescrição equivocada. Renata parou de tomar o medicamento, o que lhe devolveu a marcha e a fala.

Após essa semana, diante da piora do quadro em prazo tão curto, o médico havia concluído que Renata tinha uma grave e avassaladora doença neurodegenerativa, sem saber explicar nada além disso. Tratava-se de algo tão grave que nem nome tinha. Cássia contou que essa foi uma das piores semanas de sua vida.

Hoje, depois de viver de perto o universo das doenças raras, vejo que a sua queixa é muito comum entre os pais: a recorrente ausência de sensibilidade de alguns profissionais da saúde na hora de dar notícias graves. Ninguém nunca está preparado para ouvi-las, e poucos, para comunicá-las.

A escola funcionava como um termômetro. Com a ajuda da psicopedagoga, as dificuldades apresentadas por Renata eram observadas, e, juntas, escola e família, buscavam alternativas para garantir o aprendizado.

Uma das soluções encontradas quando Renata tinha 11 anos foi a contratação de uma professora auxiliar, que a acompanhava em todas as aulas, ajudando-a nas tarefas. Quando completou 12 anos, Renata começou a apresentar dificuldades mais significativas no seu aprendizado. Além do déficit de aprendizado, ela apresentava falta de coordenação de movimentos musculares, o que prejudicava sua marcha e seu equilíbrio.

A família ainda buscava desesperadamente um diagnóstico. Mesmo com incessantes exames e consultas, ninguém sabia dizer o que Renata tinha. A sua doença ainda não tinha nome.

Aos 15 anos, já sob os cuidados de outro profissional, a comparação dos exames feitos ao longo da vida mostrava o agravamento severo de suas condições neurológicas. Cássia saiu em busca de pesquisadores que pudessem descobrir o que Renata tinha. A essa altura, Cássia já havia abandonado sua carreira e vendido a sua empresa para ter mais tempo de cuidar de sua filha com o total apoio e incentivo do marido. Mas, sabemos, raras também são as famílias que podem se dedicar exclusivamente ao paciente.

A peregrinação por clínicas e consultórios a levou a um médico, professor e pesquisador em São Paulo que mantinha vínculos com universidades no exterior. No próprio consultório, o médico fez um teste hoje conhecido como "teste da paralisia do olhar vertical e horizontal", que anos mais tarde foi abordado na campanha universal "Pense de Novo, Pense NPc (*Think again, Think NPc*)". Trata-se de uma análise simples, mas muito informativa.

Renata tinha a paralisia do olhar vertical e horizontal, e o profissional sugeriu exames específicos com a coleta de fibroblastos, que foram enviados para análise em Nova York, nos Estados Unidos. Todos esses exames foram custeados pela família, porque o plano de saúde não previa esse procedimento, muito menos o sistema de saúde pública.

Após dois meses de angústia, o diagnóstico foi então confirmado. Renata tinha uma doença rara chamada Niemann Pick-C. A notícia boa de finalmente saber o que Renata tinha veio acompanhada da má notícia de receber o diagnóstico de uma doença incurável, que não possuía até então um único tratamento disponível no Brasil. Havia, no entanto, um medicamento promissor no Canadá e nos Estados Unidos.

Desde então, a doença rara passou a residir definitivamente na família Villen. O medicamento foi obtido por via judicial, após batalha de aproximadamente oito meses. Foi a primeira ação judicial para essa doença no Brasil, cuja decisão mantém Renata viva até hoje.

Em 2012, com a ajuda do médico que conseguiu dar nome à doença que acometia Renata, outras quatro crianças receberam o mesmo diagnóstico. Ao trocarem experiências, as famílias sentiram a necessidade de somar esforços para se apoiarem e melhor compreenderem como conviver com o problema.

Assim surgiu a Associação Niemann Pick Brasil (ANPB), que está sempre pronta para acolher as famílias. A entidade atua na divulgação das características da doença e na campanha Pense de Novo, Pense NP-C, que ajuda a divulgar o exame que, embora de forma singela, fornece indicativos importantes da síndrome.

A mãe da Renata chegou até mim com o objetivo de pedir ajuda judicial para conseguir o medicamento para outras três crianças diagnosticadas. Imediatamente pensei em minha filha, que na época tinha a mesma idade da Renata quando ela havia sido diagnosticada e que poderia ter tido uma surpresa similar na vida. O medicamento já estava incorporado à lista de tratamentos disponibilizados pelo Sistema Único de Saúde (SUS), porém para outra enfermidade.

Fiquei inconformada ao saber que o SUS tinha o medicamento, mas disponibilizava para uns e não para outros. Foi assim que mergulhei nesse tema e permaneço até hoje. Por um lado, há portas fechadas, com um volume enorme de demandas judiciais, falta de recursos e elevado custo dos tratamentos. Por outro, há portas abertas, com famílias que se apoiam, pessoas que argumentam pelos seus direitos (quando conseguem falar por si), e mães como a Cássia, que se dedicam, por meio de associação de pacientes, a ajudar outras pessoas com doenças raras.

As associações de pacientes e familiares trabalham em colaboração. Mas, mesmo unificando suas vozes, ainda são minoria e caminham rumo ao futuro com muita dificuldade. As doenças raras precisam de investigação permanente, de aprendizado, de divulgação e conhecimento. Precisam de apoio para facilitar o diagnóstico e ajuda para ter acesso ao tratamento.

Nesse cenário, as associações contribuem para o diálogo entre pacientes, famílias e profissionais. Incentivar e assegurar a colaboração das associações de doentes com a máquina da saúde pública ajudará os pacientes a terem as respostas de que precisam.

Uma pessoa com doença rara, ou o seu cuidador, só pode fazer escolhas responsáveis se tiver acesso a informações corretas e confiáveis. E isso só acontecerá a partir do momento em que todos os agentes – poderes Executivo e Judiciário, sociedade, iniciativa privada, associações – se mobilizarem, juntos, pela causa das doenças raras. Pois histórias como a da Cássia e da Renata se repetem todos os dias no Brasil.

Visita à Universidade de Notre Dame

Em 2018, por motivos pessoais, eu acompanhei meu marido a uma viagem à Notre Dame University, nos Estados Unidos, situada em uma cidade chamada South Bend, próxima de Chicago. A cidade respira universidade e a maior parte da população guarda algum tipo de vínculo com ela.

O *campus* é incrível, enorme, tem lago, vários prédios separados pelas diversas áreas do conhecimento, pelas residências dos acadêmicos, pela administração. Os novos prédios seguem o mesmo padrão e utilizam o mesmo material dos antigos, deixando todas as instalações harmoniosas, tornando difícil identificar qual precede a qual.

Por se tratar de uma instituição católica, os rituais são bem presentes. Há missas e um santuário onde todos podem acender velas, seja com pedidos de graças, seja com agradecimentos. Há muita tradição também. O primeiro prédio construído, e que hoje é ocupado pela administração, tem uma escada que só os graduados na própria universidade podem subir. Como este não era o meu caso, minha visitação se deu no sentido inverso e, como convidada, pude descer as escadas, orgulhosa da oportunidade de ter estado nesse lugar incrível que soma conhecimento aos valores cristãos nos quais eu fui criada.

Aliás, o reitor, reverendo John Jerkins, exala amor pelo *campus*, pelos profissionais, alunos, convidados, por todo mundo. Estar na presença dele naqueles poucos dias foi como estar na presença de Deus, e eu cheguei a cogitar matricular-me em algum dos cursos oferecidos.

Uma outra tradição que vale a pena ser contada é a placa estrategicamente fixada na saída do vestiário para a quadra esportiva do estádio, com a inscrição "*Play like a champion today*", que em português significa "Jogue como um campeão hoje". Reza a lenda que todos os jogadores devem tocar na placa para ter sorte.

Mas o que interessa para essa ocasião é que no hotel, também dentro desse enorme e indescritível *campus*, deparei-me com uma pasta que tinha sido endereçada a mim e deixada no meu quarto, com um bilhete carinhoso de boas-vindas, dizendo que eu tinha algo em comum com a Notre Dame... Será?

> *Querida Rosangela,*
>
> *Que honra tremenda recebê-los aqui na Universidade de Notre Dame! Será um dos momentos inesquecíveis na história da nossa instituição. Como casal, vocês representam pessoas que "amam com obras e verdade" e não só com palavras e língua. Que exemplo maravilhoso para nossos alunos que estão se formando e saindo pelo mundo. Eu irei acompanhá-la este fim de semana como hostess e estarei à sua disposição, seja o que for. Estou deixando algumas lembrancinhas e um pouco de leitura também.*
>
> *Você tem algo importante em comum com a Notre Dame: a missão de ajudar pessoas com doenças raras. Notre Dame tem um centro dedicado a essa causa. Se estiver interessada, gostaria de lhe apresentar ao John Crowley (um grande amigo da universidade) e para os administradores do Centro.*
>
> *Creio que você vai achar a história do John muito interessante! Podemos conversar mais a respeito disso nos próximos dias.*
>
> *Neste momento, o mais importante é dizer: Welcome to Notre Dame! Bem-vindos a Notre Dame!*
>
> *Carmen Nanni*

Mal pude acreditar quando comecei a ler o material da pasta e, para minha surpresa, apresentava o Centro de Pesquisa de Doenças Raras dentro do *campus*.

Trata-se do Center for Rare & Neglected Diseases Boler-Parseghian (CRND), um centro acadêmico dedicado ao estudo e pesquisa para avanços nos tratamentos de doenças raras. Seu foco de atuação é identificar tratamentos para doenças neurodegenerativas raras, cânceres raros e doenças infecciosas negligenciadas por meio de programas de parceria com centros de pesquisas, organizações de serviços, prestadores de cuidados de saúde da comunidade e famílias de pacientes.

Declinei de acompanhar meu marido na agenda oficial e fui então conhecer o centro de pesquisa criado com recursos do lendário treinador de futebol da universidade, Ara Parseghian, que teve sua filha diagnosticada com esclerose múltipla, e três de seus netos que morreram em 1994 da doença rara Niemann Pick-C, àquela época absolutamente desconhecida e sem nenhum tratamento.

A generosidade da família Parseghian possibilitou a criação do fundo de pesquisa para a compreensão da doença NP-C, conforme sua frase "There will be no cure without research and no research without funding". ("Não há cura sem pesquisa e não há pesquisa sem financiamento").

Muito embora a família tenha perdido os netos Marcia, Christa e Michael para a rara NP-C, a luta dos colaboradores do centro continua até o presente momento para encontrar a cura e beneficiar outras famílias e crianças que encaram essa doença rara.

Na ocasião, além dos gentis profissionais do centro de pesquisa, também pude conhecer John Crowley, pai de Megan, uma adorável menina diagnosticada com doença de Pompe, que afeta os músculos e o sistema nervoso, cuja história e luta pelo tratamento estão contadas no filme *Decisões extremas*. John foi aluno da Universidade Notre Dame, teve três filhos e dois diagnosticados com a doença. Largou seu trabalho de empresário e arregaçou as mangas para angariar fundos e financiar a pesquisa para o tratamento, e passou a dedicar todo o seu tempo para colaborar com a descoberta da cura da doença, contribuindo até hoje com o Centro de Pesquisas de Doenças Raras.

Mesmo do outro lado do continente, o pai de Megan tinha a informação de que os pacientes de Pompe no Brasil estavam com o fornecimento do medicamento interrompido. Infelizmente era verdade. Em 2017, o Ministério da Saúde havia comprado o lote do medicamento por meio de licitação, dando como vencedora uma empresa que não tinha a documentação indispensável para a venda, muito embora já tivesse creditado milhões para a tal empresa que não poderia fornecer o medicamento.

As associações de pacientes, tal como a de Parseghian, colaboram positivamente e possibilitam a interlocução entre os profissionais, familiares e poder público. O vácuo deixado pela ausência do acolhimento do paciente por parte do Estado é ocupado pelas associações de pacientes, prontas a prestar informações, indicar referências, promover a integração, condições de cuidados, indicação de profissionais especialistas. Não podemos negar que as grandes contribuições para os avanços de diagnósticos e de tratamentos surgem das próprias famílias que vivenciam essa realidade e se organizam em associações desvinculadas da administração pública.

É preciso ouvir as famílias e as associações representativas. Pais e familiares podem até não se conhecer pessoalmente, mas fronteiras territoriais não os impedem de compartilhar fatos e informações em qualquer lugar do mundo. Não há limites para eles na busca de informação e da cura.

Capítulo 3

Doenças raras no âmbito do Poder Executivo

a. Política Nacional de Atenção Integral às Pessoas com Doenças Raras

No âmbito do Poder Executivo, o Ministério da Saúde instituiu em 2014 a Política Nacional de Atenção Integral às Pessoas com Doenças Raras no Sistema Único de Saúde (SUS) por meio da Portaria nº 199. Até então, havia apenas a Política Nacional de Atenção Integral em Genética Clínica, estabelecida pela Portaria nº 81, de 2009, porém esta não se destinava às doenças raras de origem não genética.

Segundo dados da Associação da Indústria Farmacêutica de Pesquisa (Interfarma), estima-se que 20% das doenças raras possuem outras causas de caráter infeccioso, inflamatório e autoimune. Dessa forma, a Portaria nº 199 passou a contemplá-las.

Desde a criação da política nacional, as demandas que envolvem pacientes com doenças raras passaram a fazer parte da agenda do governo. As associações de pacientes contribuíram para que esse tema merecesse destaque na imprensa e no Judiciário.

Como aspectos positivos, a Política Nacional de Atenção Integral às Pessoas com Doenças Raras estabelece incentivos financeiros de custeio e ajuda para reduzir a morbimortalidade, as manifestações secundárias e melhoria da qualidade de vida dessas pessoas.

Apesar desses avanços, ainda há grandes desafios que precisam ser superados. É preciso aumentar o número de estabelecimentos de serviços de referência e centros especializados. É fundamental ampliar de forma quantitativa a incorporação de medicamentos para maior efetividade da política nacional. Hoje, a assistência farmacêutica do SUS atende a um reduzido número de doenças raras. A gestão de tais síndromes exige parceria com os demais setores notadamente com uso de recursos médicos, sociais, científicos e tecnológicos já integrantes da estrutura estatal. É fundamental envolver as próprias pessoas com doenças raras e as organizações que as representam para garantir que as necessidades desse segmento sejam atendidas.

Quando se fala desse problema, o diagnóstico é certamente favorecido se a pessoa for submetida à análise multidisciplinar. A insatisfação mais gritante das pessoas e familiares é a dificuldade no diagnóstico, pela raridade e complexidade da doença em si, somadas ao fato de que no âmbito do SUS os agendamentos com especialistas não são simultâneos. Não são raras as vezes em que decorrem meses de uma consulta até outra para que as especialidades médicas possam, cada qual dentro da sua área de atuação, investigar o paciente e seus sintomas. Não existe colaboração entre as especialidades, o que atrasa ainda mais o diagnóstico.

Para otimizar esse processo, a política nacional deu a devida importância à necessidade de atendimento integral e multidisciplinar. Para consolidar esse conceito, o governo impôs esses requisitos para o credenciamento do estabelecimento de saúde como serviço de atenção especializada em doenças raras, ou como serviço de referência em doenças raras.

O serviço de atenção especializada em doenças raras (art. nº 13, §2º) pode ser prestado por estabelecimento de saúde que tenha no mínimo um técnico de enfermagem, um enfermeiro, um médico responsável pelo Serviço de Atenção Especializada em Doenças Raras com comprovada experiência na área, para se tornar um Serviço de Referência. O estabelecimento deverá acrescer a esse rol um médico geneticista, um neurologista, um pediatra, um clínico geral, um psicólogo, um nutricionista, uma assistente social e um médico responsável técnico.

O alto grau de exigência, embora necessário para acolher melhor o paciente com doença rara, reduziu o número de centros aptos a atender às demandas estabelecidas. Atualmente existem somente oito estabelecimentos habilitados e especializados para atendimento a doenças raras no Ministério da Saúde[4]. O número é insuficiente se considerada toda a extensão do território nacional. Esse fator dificulta o acesso das famílias a esses centros especializados.

Sobre o cuidado das pessoas com doenças raras, a política nacional estruturou dois eixos. O primeiro é composto pelas doenças raras de origem genética, envolvendo anomalias congênitas ou de manifestação tardia; deficiência intelectual e erros inatos de metabolismo[5]. No segundo eixo estão as doenças raras de origem não genética, envolvendo doenças infecciosas, inflamatórias e autoimunes.

A partir do momento em que se atesta que não há cura propriamente dita para as doenças raras, estabelecem-se cuidados paliativos que, na maioria expressiva dos casos, ocorre por meio de medicamentos e terapias. O acesso a esses tratamentos e, consequentemente, a melhora da qualidade de vida da pessoa com doença rara só serão alcançados, na via administrativa, se houver tratamento disponibilizado no SUS. A política nacional segue o disposto no artigo 19-A da Lei nº 8080/91 para condicionar o fornecimento de assistência farmacêutica ao que estiver disponível no SUS[6].

---

[4] *Doenças raras:* o que são, causas, tratamento, diagnóstico e prevenção. Ministério da Saúde. Disponível em: http://www.saude.gov.br/saude-de-a-z/doencas-raras. Acesso em: 23/7/2019.
[5] Os erros inatos de metabolismo (EIM) são distúrbios de natureza genética que geralmente correspondem a um defeito enzimático capaz de acarretar a interrupção de uma via metabólica. Ocasionam, portanto, alguma falha de síntese, degradação, armazenamento ou transporte de moléculas no organismo. Fonte: http://scielo.iec.gov.br/scielo.php?script=sci_arttext&pid=S0101-59072006000200008. Acesso em: 24/1/2020.
[6] Art. nº 19-Q. A incorporação, a exclusão ou a alteração pelo SUS de novos medicamentos, produtos e procedimentos, bem como a constituição ou a alteração de protocolo clínico ou de diretriz terapêutica, são atribuições do Ministério da Saúde, assessorado pela Comissão Nacional de Incorporação de Tecnologias no SUS. (Incluído pela Lei nº 12.401, de 2011)

Portanto, do ponto de vista do SUS, a integralidade não é sinônimo de completude e totalidade, como ensina o dicionário. Para a política nacional, a assistência será integral dentro daquilo que for selecionado pelos gestores responsáveis pelos procedimentos da Comissão Nacional de Incorporação de Tecnologias no SUS (Conitec).

A política nacional não cuidou de determinar o mapeamento de dados em um cadastro nacional que pudesse quantificar as pessoas, as doenças e o tratamento para fins de aprimoramento e planejamento.

Além da multidisciplinaridade, a política nacional acenou para a intersetorialidade, apontando-a como diretriz ao lado da ampla participação social, inclusive para o desenvolvimento de ações de promoção da saúde.

Na prática, a intersetorialidade merece ser mais bem incorporada nacionalmente pelos atores envolvidos. Desde a Conferência Internacional de Alma-Ata, promovida pela Organização Mundial da Saúde (OMS) em 1978, para a atenção primária à saúde, reconhece-se que a coordenação intersetorial é necessária:

> *Todos os governos devem formular políticas, estratégias e planos nacionais de ação para lançar/sustentar os cuidados primários de saúde em coordenação com outros setores. Para esse fim, será necessário agir com vontade política, mobilizar os recursos do país e utilizar racionalmente os recursos externos disponíveis*[7].

A conferência reafirmou o significado da saúde como um direito humano fundamental e uma das mais importantes metas sociais mundiais. Voltada aos cuidados primários de saúde, a conferência enfatizou que a saúde deve ser alcançada em seu mais alto nível:

> *A saúde é o estado de completo bem-estar físico, mental e social, e não simplesmente a ausência de doença ou enfermidade*

---

[7] Declaração de Alma-Ata – Conferência Internacional sobre Cuidados Primários de Saúde, Alma-Ata, URSS, 6-12 de setembro de 1978 (*História e Legislação do SUS e Saúde da Família*, por Fabio Batalha Monteiro de Barros).

> – é um direito humano fundamental, e que a consecução do mais alto nível possível de saúde é a mais importante meta social mundial, cuja realização requer a ação de muitos outros setores sociais e econômicos, além do setor saúde[8].

Desde então, a OMS enfatiza a importância da implementação de estratégias intersetoriais de prevenção e diagnóstico precoce das doenças raras, dado o impacto na vida dos indivíduos e suas famílias.

A intersetorialidade remete à ideia de que a efetivação do direito à saúde deve dialogar com outros setores, dado que a saúde é um bem público, construído com a participação solidária de todos os setores da sociedade brasileira.

A saúde é um instrumento para o direito à vida e é um dos maiores aliados para o desenvolvimento do país. As condições fundamentais para a saúde são: paz, habitação, educação, alimentação, renda, ecossistema sustentável, recursos sustentáveis, justiça social e equidade – todos esses aspectos devem se relacionar para que a saúde seja alcançada[9].

A mesma fonte que oferece a definição acima apresenta em seu estudo um quadro comparativo da Conferência de Alma-Ata (1978) com as Conferências de Promoção da Saúde (1986, Ottawa) e Cidade Saudável (1984) nos quesitos de intersetorialidade e participação social:

---

8 Constituição da Organização Mundial da Saúde (OMS/WHO) – 1946. Disponível em:http://www.direitoshumanos.usp.br/index.php/OMS-Organiza%C3%A7%C3%A3o-Mundial-da-Sa%C3%BAde/constituicao-da-organizacao-mundial-da-saude-omswho.html. Acesso em: 24/1/2020.
9 Brasil. Ministério da Saúde. Secretaria de Políticas de Saúde. Projeto Promoção da Saúde. As Cartas da Promoção da Saúde / Ministério da Saúde, Secretaria de Políticas de Saúde, Projeto Promoção da Saúde. – Brasília: Ministério da Saúde, 2002. 56 p.: il. (Série B. Textos Básicos em Saúde) ISBN 85-334-0602-9 1. Promoção da Saúde. I. Brasil. Ministério da Saúde. II. Brasil. Secretaria de Políticas de Saúde. Projeto Promoção da Saúde. III. Título. IV. Série.

ALMA-ATA	PROMOÇÃO DA SAÚDE	CIDADE SAUDÁVEL
1973 – 1978	1974 – 1986	1984
* Outros setores	* Capacidade de comunicar-se p/ melhorar a qualidade de vida	* Comunidade participa dos planos p/ melhorar o ambiente e a qualidade de vida
* Promoção/qualidade		
* Participação/planos	* Participação decisória	* Amplia a participação
* Atenção Primária de Saúde		* Empoderamento
- Educação	* Políticas saudáveis	* Compromisso público local
- Alimentação	* Abordagem setorial	* Políticas saudáveis
- Saneamento		
- Materno-Infantil	* Ambientes favoráveis	* Ênfase em equidade
- Imunizações		
- Prevenção de endemias	* Habilidades pessoais	* Atenção determinante
- Doenças/traumatismos	* Reconversão do sistema de saúde	* Macrofunção social
- Medicamentos	- ênfase na equidade	- trabalho e renda
* Tecnologia adequada	- atenção determinante	
- Ação comunitária	- extensão da promoção	- infraestrutura
- Autodeterminação	- prevenção, tratamento e reabilitação	- desenvolvimento social
- Autorresponsabilidade		
		- saúde e nutrição
EMPODERAMENTO		SUSTENTABILIDADE SOCIAL

Para esses diplomas, a atenção primária e sua promoção da saúde dependem da intersetorialidade. O direito à saúde tem dimensão muito maior do que a cura da enfermidade.

O setor "sociedade" foi incluído como exemplo de abordagem intersetorial para a formulação das políticas públicas. Ainda que referentes à atenção básica, não podem ser descartados quando se trata de doenças raras. A participação ativa da sociedade fortalecerá a política nacional.

A adoção de uma estratégia nacional com base na intersetorialidade foi também recomendada pela Eurordis[10] com o objetivo de assegurar o acesso das pessoas com doenças raras aos cuidados médicos e sociais

---

10 European Organisation for Rare Diseases – Eurordis (Organização Europeia para Doenças Raras).

adequados. A entidade apresenta cinco razões para a adoção de uma estratégia nacional:

1. Reconhecer e atender às especificidades das doenças raras de maneira abrangente, estabelecendo um quadro político e legal que envolva todas as partes interessadas e coordenando todas as ações relevantes em nível nacional e regional;
2. Identificar e estabelecer serviços sociais e programas relevantes para as doenças raras (centros de recursos, programas de incapacidade, treinos especializados para assistentes sociais) e estabelecer pontes entre os vários serviços por meio da gestão de casos;
3. Melhorar a integração da legislação europeia (ex.: medicamentos órfãos, medicamentos pediátricos, terapias avançadas, ensaios clínicos, cuidados de saúde transfronteiriços, o Pilar Europeu dos Direitos Sociais) e das recomendações políticas europeias nos sistemas nacionais e sociais de saúde, incluindo as adotadas pelo Comitê de Peritos da União Europeia em matéria de Doenças Raras;
4. Reconhecer o valor agregado pelas associações de pessoas com doenças raras e das Alianças Nacionais como parceiros fundamentais, contribuindo com a sua competência especializada em lidar diariamente com as enfermidades, e envolvendo-as nos comitês de tomada de decisões e nos programas dedicados a doenças raras nas vertentes da investigação, dos cuidados de saúde e dos cuidados sociais;
5. Equilibrar o orçamento e assegurar a sustentabilidade financeira do plano ao definir uma série de medidas e ações com

fundos específicos para melhorar os cuidados médicos e sociais das pessoas com doenças raras.

Envolver as pessoas com doenças raras em todos os assuntos discutidos em políticas públicas é, a nosso ver, crucial.

O exemplo de Portugal e sua Estratégia Integrada para as Doenças Raras

Seguindo essa orientação da OMS, cita-se o exemplo de Portugal, que adotou em 2008 o Plano Nacional de Saúde, inicialmente circunscrito ao Ministério da Saúde, ocasião em que afirmou seu compromisso de promover melhorias ao acesso dos cidadãos aos cuidados de saúde.

O plano foi elaborado para compreender o período de 2012-2016 e, por ocasião de sua revisão, foi estendido até 2020, quando o governo português reconheceu que as doenças raras representavam um segmento dependente de equipe multidisciplinar e intersetorial.

O que era então tratado como Plano Nacional de Saúde ganhou envergadura para se tornar a Estratégia Integrada para as Doenças Raras, envolvendo, além do Ministério da Saúde, os ministérios da Ciência e da Solidariedade, Educação, Emprego e da Segurança Nacional portugueses.

A Estratégia Integrada para as Doenças Raras se baseou na cooperação interministerial, intersetorial e interinstitucional, reconhecendo que a equipe multidisciplinar tem melhores condições de congregar as competências para facilitar o diagnóstico e demais atos. Reconheceu também que a gestão de doenças raras exige o mais alto nível de parceria entre setores, para permitir aos usuários do sistema público de saúde possibilidades com maior grau de certeza. Destacou o reconhecimento da importância das associações de pacientes e a necessidade de incentivá-las a colaborar na definição de respostas integradas e sua concretização, seja por meio de capacitação, seja por ações de apoio.

Ainda segundo a Estratégia Integrada para as Doenças Raras, a genética médica ganhou posição de destaque, conforme transcrevemos:

> *A genética médica está, indissociavelmente, ligada ao diagnóstico de doenças raras, pela verdadeira explosão de novos conhecimentos e tecnologias, especialmente de genética molecular, transversal a todas as áreas médicas e que abriu janelas de oportunidade para melhor entender parte dessas doenças. Porém, as doenças raras podem ser identificadas em todas as especialidades médicas cujos clínicos são responsáveis pelo diagnóstico, acompanhamento e correta referenciação destes doentes. Muitos médicos, em serviços clínicos hospitalares, adquiriram competências em doenças específicas ou grupos de doenças raras, que importa desenvolver e assegurar que disponham de recursos necessários para que possam vir a ser identificados como centros de referência de doenças raras, eventualmente articulados com as redes europeias que venham a ser criadas.*

A Estratégia Integrada para as Doenças Raras se apoia também na cooperação com o uso de recursos médicos, sociais, científicos e tecnológicos. Recebeu como missão desenvolver e melhorar a coordenação dos cuidados; o acesso ao diagnóstico precoce; o acesso ao tratamento; a informação clínica e epidemiológica; e a investigação, sem se descuidar da inclusão social e cidadania.

Portugal também adotou um cartão da pessoa com doença rara com informações relevantes para aprimorar a continuidade dos cuidados ao paciente em todos os níveis. Em que pese, Portugal tem dimensões aproximadas às do estado de Pernambuco e, em 2015, já contava com mais centros de referência para atendimento especializado de doenças raras se comparado com a dimensão do território brasileiro.

Esse país reconheceu que a vida cotidiana da família que possui uma pessoa com doença rara é repleta de dificuldades e desafios constantes, decorrentes da doença. Afinal, não bastasse tudo isso, a pessoa com doença rara e seus familiares, do ponto de vista econômico, social e psicológico, são mais vulneráveis e enfrentam, diariamente, o preconceito.

As associações ocuparam papel de destaque para a implementação da política nacional portuguesa. Segundo Angela Marques Filipe[11], em artigo resultante de pesquisa sobre as associações de pacientes em Portugal:

> *As associações e organizações de pacientes emergiram em diferentes partes do mundo como atores centrais na abertura de novos espaços de participação e deliberação no campo da saúde, desenvolvendo formas de intervenção inovadoras, atuando como mediadoras entre participantes heterogêneos no campo da saúde, promovendo e organizando plataformas e coalizões à escala nacional e transnacional e envolvendo-se ativamente em áreas antes reservadas a especialistas e profissionais, como a pesquisa. [...] Além disso, as associações e organizações de pacientes têm desenvolvido práticas inovadoras de mediação entre participantes heterogêneos no campo da saúde, como os profissionais e as instituições de prestação de cuidados, os governantes e os fazedores de políticas, os pesquisadores e as instituições de pesquisa em biomedicina e saúde pública, os prestadores de cuidados não convencionais e a indústria farmacêutica.*

Segundo a autora, a promoção e organização de plataformas e de coalizões entre associações de pacientes e outros atores, tanto em cada país como em escala transnacional – como ocorre no espaço da União Europeia –, constituem uma das formas mais eficazes de ampliar a visibilidade e a capacitação tanto das entidades como dos atores políticos.

As associações de pacientes também têm contribuído positivamente para o incentivo às pesquisas clínicas, mantendo contato com pesquisadores

---

11 As organizações de pacientes como atores emergentes no espaço da saúde: o caso de Portugal. *RECIIS Revista Eletrônica de Comunicação, Informação e Inovação em Saúde*, ISSN 1981-6278, Rio de Janeiro, v.1, n. 1, p. 107-110, jan.-jun., 2007.

para estimular estudos sobre doenças raras. Muitas associações têm procurado intervir ativamente na redefinição de prioridades de pesquisas, na organização de ensaios clínicos, na arrecadação de fundos para financiar pesquisa sobre doenças raras e/ou crônicas.

Alinhamo-nos a isso e defendemos ser salutar a participação das organizações de pacientes na discussão ou implementação de toda política pública que guarde relação com seus interesses.

b. Defesa das minorias – a importância das associações

Como já relatado, o número de pessoas acometidas por doenças raras é bastante expressivo. Contudo, se considerado em relação à totalidade da população, representa uma minoria vulnerável que não pode ficar descoberta do manto democrático da Constituição da República, que é voltada para todos os cidadãos.

O ambiente democrático reconhecido na Constituição também conferiu lugar de destaque para a liberdade associativa, elencando-a no rol de direitos e garantias fundamentais do artigo 5º, segundo o qual é plena a liberdade de associação, desde que para fins lícitos, sem necessidade de autorização para a sua criação.

Nesse cenário, as associações e organizações representativas das pessoas com doenças raras emergiram quantitativa e qualitativamente para adentrar os espaços de participação popular, as agendas e pautas governamentais. Essas entidades assumiram um relevante papel na sociedade em prol da dignidade e igualdade desse grupo de minorias.

Na lição do professor Rodrigo Xavier Leonardo[12], as associações fortalecem a democracia:

> *O ambiente democrático que procura solidez em nossa história fez com que as experiências associativas ganhassem espaço e assumissem um relevante papel de organização das pessoas em torno de objetivos comuns, que dão significado, fundam e*

---

12 LEONARDO, Rodrigo Xavier. *Associações sem fins econômicos*. São Paulo: *Revista dos Tribunais*, 2014, p. 17.

> *solidificam relações de pertencimento, para além do indivíduo e da sua convivência exclusivamente familiar.*

No mesmo sentido, Lígia Helena Hahn Lüchmann[13] diz que "entre outras contribuições, as associações permitiram ampliar os domínios das práticas democráticas para diversas esferas da vida social, constituindo meios alternativos para dar voz aos desfavorecidos em função das condições desiguais e de distribuição de dinheiro e poder". Nessa senda, as associações têm se revelado um importante instrumento da sociedade, tornando efetivo o direito de igualdade e democracia.

As associações podem ser grandes aliadas do poder público com potencial ainda pouco aproveitado como fonte de informação, seja porque se congregam em plataformas internacionais colaborativas para conhecer soluções de outros países, seja porque são verdadeiras e fidedignas fontes de informação. Ninguém melhor do que as pessoas com doença rara e seus familiares representados pelas associações para fornecer relatos da experiência do que é descobrir, tratar e conviver com uma doença rara e todas as suas decorrências.

Mesmo diante desse enorme potencial, as associações têm sido alvo de críticas dos poderes públicos e de segmentos da sociedade. Isso porque por vezes atuam diante do Estado para exigir alguma prestação material para a efetivação do direito à saúde dos seus associados. Aqui se incluem pedidos de tratamentos, medicamentos ou cuidados especializados não fornecidos pelo SUS para a garantia do direito à vida.

Nesses casos, as associações são vistas como adversárias do poder público, uma vez que o eventual deferimento do pedido da prestação material pelo Poder Judiciário causa impacto no orçamento da Saúde e nos cofres públicos.

Não se discute que é papel do Executivo efetuar a política pública que atenda também as minorias. Diante da ausência de uma política implementada, o Judiciário, mediante provocação do interessado, está autorizado pela ordem constitucional a suprir essa lacuna. O direito à

---

13 Artigo da autora disponível em: http://www.scielo.br/pdf/rbcsoc/v29n85/11.pdf. Acesso em: 24/1/2020.

saúde não é assegurado, exceto se o Poder Judiciário supri-la. O aspecto democrático da Constituição permite ao Poder Judiciário interpretá-la para garantir os direitos das minorias por meio de suas decisões. A proteção às minorias, ainda que contrarie parâmetros políticos majoritários, está constitucionalmente resguardada.

Em regimes democráticos, a prevalência da vontade da maioria não pode desprestigiar os legítimos interesses do grupo de minoria, como leciona Thiago Lima Breus[14], ao ponderar que o interesse público não pode ser pautado pelo interesse da maioria quantitativamente considerada:

> *Embora a concepção de República democrática caracterize-se pela prevalência do interesse da maioria quantitativa, é inolvidável que os interesses da minoria também devam ser garantidos, segundo os parâmetros que a Constituição determina. Por mais esta razão é que a noção de interesse público não deve se basear em critérios quantitativos. Aliás, o interesse público não pode ser tomado abstratamente como sinônimo de interesse da maioria, haja vista o fato de que existem nas sociedades interesses de minorias que se relacionam com intensidade muito maior ao interesse público que interesses da maioria, como a imperativa tutela de minorias raciais, através de políticas de inclusão social etc.*

A proteção das minorias, ainda que contrarie parâmetros políticos majoritários, está constitucionalmente resguardada e merece ser encarada como prioritária para ter a proteção legal, conforme lição de Maria Celina Bodin de Morais:

> *Neste ambiente, de um renovado humanismo, a vulnerabilidade humana será tutelada, prioritariamente, onde quer que ela se manifeste. De modo que terão precedência os direitos e as prerrogativas de determinados grupos considerados,*

---

14 Artigo do autor disponível em: https://acervodigital.ufpr.br/bitstream/handle/1884/5703/t.PDF?sequence=1&isAllowed=y. Acesso em: 24/1/2020.

> *de uma maneira ou de outra, frágeis e que estão a exigir, por conseguinte, a especial proteção da lei. Nestes casos estão as crianças, os adolescentes, os idosos, os portadores de deficiências físicas e mentais, os não proprietários, os consumidores, os contratantes em situação de inferioridade, as vítimas de acidentes anônimos e de atentados a direitos da personalidade, os membros da família, os membros de minorias, dentre outros[15].*

Sobre a defesa do grupo de minorias, Ronald Dworkin leciona:

> *Têm o direito de exigir, como indivíduos, um julgamento específico acerca de seus direitos. Se seus direitos forem reconhecidos por um tribunal, esses direitos serão exercidos, a despeito do fato de nenhum Parlamento ter tido tempo ou vontade de impô-los. [...] Membros de minorias organizadas, teoricamente, têm mais a ganhar com a transferência, pois o viés majoritário do Legislativo funciona mais severamente contra eles, e é por isso que há mais probabilidade de que seus direitos sejam ignorados nesse fórum. Se os tribunais tomam a proteção de direitos individuais como sua responsabilidade especial, então as minorias ganharão em poder político, na medida em que o acesso aos tribunais é efetivamente possível e na medida em que as decisões dos tribunais sobre seus direitos são efetivamente fundamentadas[16].*

---

15 BODIN DE MORAES, Maria Celina. O conceito de dignidade humana: substrato axiológico e conteúdo normativo. In: *Constituição, direitos fundamentais e direito privado.* (Org. Ingo Wolfgang Sarlet) Porto Alegre: Livraria do Advogado, 2003, p. 117.
16 DWORKIN, Ronald. *Uma questão de princípio.* Trad. Luís Carlos Borges. São Paulo: Martins Fontes, 2005, p. 31-32.

O ministro Luís Roberto Barroso, citado por Argemiro Cardoso Moreira Martins e Larissa Mituzani, pondera[17]:

Há situações em que o processo político majoritário fica emperrado pela obstrução de forças políticas minoritárias, mas influentes, ou por vicissitudes históricas da tramitação legislativa. De outras vezes, direitos fundamentais de um grupo politicamente menos expressivo podem ser sufocados. Nesses cenários, somente o Judiciário e, mais especificamente, o tribunal constitucional, pode fazer avançar o processo político e social, ao menos com a urgência esperável. [...] É possível que o exercício jurisdicional force legislações específicas a determinados grupos minoritários ou alerte para situações em que o Executivo deve iniciar ou ampliar sua atuação por políticas públicas e de inclusão. A atividade do Poder Judiciário reforça a proteção dos que carecem de representatividade ou reconhecimento público, porque explicita os fundamentos jurídicos que lhes acobertam – o que é imprescindível em um Estado de Direito. Entretanto, a ação estatal deve ser conjunta, seja por meio de leis e de programas sociais, seja pela ampliação do espaço público para debate e discussão. E um dos espaços públicos em que esse debate tem se realizado é na jurisdição.

Ao discorrer sobre a efetivação judicial das normas constitucionais, Sergio Moro[18] reconhece que os grupos organizados são mais bem atendidos quando se trata de políticas públicas:

O princípio da igualdade deve orientar a política pública de modo a favorecer toda a comunidade. Não obstante, nas democracias contemporâneas, a estrutura estatal, inclusive do

---

17 Direito das minorias interpretado: o compromisso democrático do direito brasileiro. Disponível em: http://www.egov.ufsc.br/portal/sites/default/files/direito_das_minorias_interpretado.pdf. Acesso em 9/8/2017.
18 MORO, Sergio Fernando. *Desenvolvimento e efetivação judicial das normas constitucionais*. São Paulo: Max Limonad, 2001, p. 118.

> *Estado Social, passou a servir mais adequadamente a grupos e interesses mais organizados, em detrimento das categorias mais carentes, que não dispõem de voz ativa no processo político.*

Por tudo isso, é preciso que se dê importância especial às opiniões das pessoas com deficiência, por meio de suas organizações representativas. É preciso que o Estado apoie a capacidade e o empoderamento dessas organizações para garantir que seja dada prioridade à verificação de suas opiniões nos processos de tomada de decisão. Só assim a minoria será alcançada.

Vê-se que as pessoas acometidas de doenças raras, também cidadãs com suas necessidades e desejos, podem estar mais bem representadas se organizadas em grupos associativos e se a esses grupos for garantida a participação.

c. A incorporação de medicamentos no Sistema Único de Saúde (SUS)

Além da multidisciplinaridade e intersetorialidade, a Política Nacional de Atenção Integral às Pessoas com Doenças Raras se dedicou à assistência farmacêutica para as pessoas com doenças raras.

O tratamento da doença, por meio de medicamentos, não é o único objetivo da política nacional, mas, sem dúvida, é um importante programa, seja para a qualidade de vida, seja para a possível cura da enfermidade. O direito à vida não se resume ao direito de estar vivo, mas ao direito de viver com dignidade.

A política nacional é um programa governamental para coordenar os meios que estão à disposição do Estado, fixados em Lei, para atender a essa parcela da sociedade.

No que se refere ao fornecimento de medicamentos, a lei que orienta a política nacional é a Lei nº 8080/90. O art. 19-M, inciso I, diz que a dispensação (fornecimento) de medicamentos faz parte da "assistência terapêutica integral" limitada às diretrizes dadas nos Protocolos Clínicos de Diretrizes Terapêuticas.

A ideia de que todas as terapias existentes devam ser incorporadas e possam ser exigidas do SUS não se sustenta, porque o SUS precisa respeitar a evidência científica sobre a eficácia, efetividade e segurança do medicamento ou produto.

Não podemos confundir a atuação da Comissão Nacional de Incorporação de Tecnologias no SUS (Conitec) com as atribuições da Agência Nacional de Vigilância Sanitária (Anvisa). A agência reguladora assegura a qualidade, eficácia e segurança do produto, ao passo que a Conitec estabelece os critérios de diagnósticos e algoritmos de cada doença e posologias adequadas.

A Conitec vai elaborar um Protocolo Clínico de Diretrizes Terapêuticas (PCDT) e indicar os medicamentos como possíveis de serem dispensados pela assistência farmacêutica integral se, e somente se, o produto tiver o registro prévio concedido pela Anvisa.

Como visto, a incorporação de um novo medicamento no SUS percorre um longo caminho. Inicia-se com a fase da pesquisa clínica (em se tratando de medicamento novo), seguida do registro da Anvisa – também responsável pela regulação econômica (preço) por meio da Câmara de Regulação do Mercado de Medicamentos (CMED)[19] como requisito para comercialização no país para o poder público e para a compra pelo interessado. Após o preço fechado do medicamento, o fabricante do produto (ou qualquer parte interessada) entra com pedido de incorporação pela Conitec, que, por sua vez, elabora o Protocolo Clínico de Diretrizes Terapêuticas (PCDT).

---

19 A Câmara de Regulação do Mercado de Medicamentos (CMED) é o órgão interministerial responsável pela regulação econômica do mercado de medicamentos no Brasil, e a Anvisa exerce o papel de Secretaria-Executiva da Câmara. A CMED estabelece limites para preços de medicamentos, adota regras que estimulam a concorrência no setor, monitora a comercialização e aplica penalidades quando suas regras são descumpridas. É responsável também pela fixação e monitoramento da aplicação do desconto mínimo obrigatório para compras públicas.

O SUS, como regra geral, não incorpora tratamento que não tenha passado por todas essas fases, sendo certo que a fase posterior depende necessariamente da anterior.

Dissemos, anteriormente, que a assistência terapêutica integral corresponde ao que os gestores vão determinar por meio dos PCDT. A elaboração dos PCDT é atribuição do Ministério da Saúde por determinação do art. 19-Q da Lei nº 8080/91, e o faz por meio da Conitec.

Faz-se necessário dedicarmos aqui maior atenção para este tópico, dada a relevância para as pessoas com doenças raras.

A Comissão Nacional de Incorporação de Tecnologias no SUS (Conitec)

A Conitec foi criada pela Lei nº 12.401/11, que promoveu alterações na Lei do SUS (8080/90). Tem por objetivo assessorar o Ministério da Saúde nas atribuições relativas à incorporação, exclusão ou alteração de tecnologias em saúde pelo SUS, bem como na constituição ou alteração de Protocolos Clínicos e Diretrizes Terapêuticas (PCDT).

À composição e ao funcionamento da comissão dedica-se o decreto nº 7646/11, estruturando-a em duas instâncias: Plenário e Secretaria-Executiva.

A Secretaria-Executiva é exercida pelo Departamento de Gestão e Incorporação de Tecnologias e Inovação em Saúde (DGITIS/SCTIE), ao qual cabe a coordenação das atividades da comissão.

O Plenário é o fórum responsável pela emissão de relatórios e pareceres conclusivos destinados a assessorar o Ministério da Saúde na incorporação, exclusão ou alteração, pelo SUS, de tecnologias em saúde, na constituição ou alteração de protocolos clínicos e diretrizes terapêuticas.

Possui 13 membros, dos quais sete são representantes de cada uma das sete Secretarias do próprio Ministério da Saúde, e os demais indicados pela Agência Nacional de Vigilância Sanitária (Anvisa), Agência de Saúde Suplementar (ANS), Conselho Nacional das Secretarias Municipais e Estaduais de Saúde, Conselho Nacional de Saúde e Conselho Federal de Medicina.

O pedido de incorporação se inicia com a abertura de um processo administrativo, com uma série de requisitos a serem cumpridos, e se restringe a tecnologia já aprovada pela Anvisa, sendo necessário demonstrar número e validade do registro na agência reguladora, evidências científicas, eficácia e segurança quando comparadas àquelas disponíveis no SUS, estudo de avaliação econômica e, no caso de medicamentos, o preço fixado pela Câmara de Regulação do Mercado de Medicamentos da Anvisa, como pontuamos anteriormente.

Após deliberação, o Plenário submete seu parecer a consulta pública no prazo de 20 dias, cabendo a este também a análise das sugestões recebidas dos que participaram da consulta. Compiladas as sugestões, o parecer final é encaminhado à Secretaria-Executiva. A partir desse relatório final, o secretário da Ciência, Tecnologia e Insumos Estratégicos do Ministério da Saúde poderá promover a realização de uma audiência pública e, depois, proferir a decisão.

Se aprovada a incorporação, no prazo de 180 dias a tecnologia deve estar disponível para acesso a todos, de maneira universal. Se não aprovada, a decisão pode ser atacada por recurso dirigido ao ministro da Saúde.

A Conitec exerce importante papel. É ela que dirá o que será ofertado pelo SUS. Conforme já afirmamos, para a Política Nacional de Atenção Integral às Pessoas com Doenças Raras, a assistência será integral dentro daquilo que for selecionado pela Conitec ou, em outras palavras, é a Conitec que dirá o que estará disponível para a população, com base em:

(i) evidências científicas sobre a eficácia, a acurácia, a efetividade e a segurança do medicamento, produto ou procedimento objeto do processo, acatadas pelo órgão competente para o registro ou a autorização de uso;

(ii) na avaliação econômica comparativa dos benefícios e dos custos em relação às tecnologias já incorporadas, inclusive

> no que se refere aos atendimentos domiciliar, ambulatorial ou hospitalar, quando cabível; e
(iii) no impacto da incorporação da tecnologia no SUS.

João Pedro Gebran[20] leciona:

> *Outro elemento assegurado pela Carta Política é o chamado princípio da integralidade ou do atendimento integral. O artigo 198, II estabelece que "as ações e serviços públicos integram uma rede regionalizada e hierarquizada e constituem um sistema único, organizado de acordo com as seguintes diretrizes: [...] II – atendimento integral, com prioridade para as atividades preventivas, sem prejuízo dos serviços assistenciais e conclui que da simples leitura do texto é possível verificar que o atendimento integral previsto na Constituição não tem por escopo a garantia de todo e qualquer tipo de atendimento para os indivíduos, mas uma diretriz, um vetor, um caminho que deva ordenar as políticas públicas.*

A integralidade, portanto, consiste em oferecer uma carteira generosa de bens e serviços para a população, a partir de escolhas fundadas em consensos baseados em critérios científicos e racionais de escolha, validados socialmente, e em princípios éticos, por meio de regras claras e transparentes. As escolhas fundadas recaem sobre os membros da Conitec, da qual não faz parte a minoria mais interessada.

Como se vê, o papel da Conitec é importante quando se busca um tratamento ou terapia medicamentosa. Uma das insurgências das associações é justamente a composição da comissão, que não conta com a efetiva e indispensável participação das associações, dos pacientes ou de *experts* por eles indicados.

Recordemos a composição:

---
20 SCHULZE, C; GEBRAN NETO, João Pedro. *Direito à saúde: análise à luz da judicialização* – Porto Alegre: Verbo Jurídico, 2015, 127.

PLENÁRIO

Representantes de cada Secretaria do MS (em um total de 7)
CFM - Conselho Federal de Medicina
CNS - Conselho Nacional de Saúde
CONASS - Conselho Nacional das Secretarias Estaduais de Saúde
CONASEMS - Conselho Nacional das Secretarias Municipais de Saúde
ANS - Agência Nacional de Saúde Suplementar
ANVISA - Agência Nacional de Vigilância Sanitária

SECRETARIA EXECUTIVA

DGITIS - Departamento de Gestão e Incorporação
de Tecnologias e Inovação em Saúde

O decreto que criou a Conitec é anterior à portaria que estabeleceu a Política Nacional de Atenção Integral às Pessoas com Doenças Raras. Então, pensamos que o decreto precisa ser revisitado para atender às Diretrizes da Política Nacional no que se refere às doenças raras, porque não está em total convergência e, como efeito, dificulta os avanços que interessam a todos os envolvidos, inclusive ao Estado.

Quando implementada, a política nacional considerou a Lei nº 8.142, de 28 de dezembro de 1990, que dispõe sobre a participação da comunidade na gestão SUS; atribuiu ao Ministério da Saúde a responsabilidade de estimular a participação popular e o controle social visando a contribuição na elaboração de estratégias e no controle da execução da Política Nacional de Atenção Integral às Pessoas com Doenças Raras (art. 8º, III); e como uma de suas diretrizes a garantia de ampla participação social.

A forma como a Conitec está estruturada não assegura a participação das pessoas com doenças raras por si ou por meio das associações. Atualmente, a participação direta da sociedade civil no que se refere à incorporação dos medicamentos se dá com a possibilidade de apresentar requerimento de pedido de incorporação e, na fase da consulta pública, e de maneira indireta, contando com a atuação dos membros da sociedade civil indicados pelo Conselho Federal de Medicina e pelo Conselho Nacional de Saúde, que possuem cadeira assegurada em sua composição. Estes, no entanto, não são necessariamente integrados por pessoas afeitas às peculiaridades que envolvem as doenças raras e esse segmento pode estar sem voz ou representatividade.

Sobre a possibilidade de apresentar requerimento, importa ressaltar que o decreto prevê, em seu artigo 19, que a Conitec deverá submeter o parecer conclusivo do Plenário a consulta pública pelo prazo de 20 dias, e, nessa oportunidade, dá-se a participação direta das associações. Mas sabe-se que a consulta pública, embora imbuída de boas intenções, pode ser apenas *pro forma*.

Pesquisa[21] no endereço eletrônico da comissão demonstra que no período de 2012-2019 somente 13 tecnologias foram incorporadas após a intervenção das associações e pacientes na fase da consulta pública.

Somos da opinião de que as organizações de pacientes (associações) com visão macro a respeito do tema poderiam compor diretamente a Conitec ou, quando menos, que a cada doença cujo Protocolo Clínico de Diretrizes Terapêuticas (PCDT) seja submetido a análise, uma associação representativa ou grupos de pacientes possam ser ouvidos.

Se a implementação de políticas públicas requer a participação da sociedade civil, pelo caráter democrático delineado na Constituição, é preciso assegurar que a sociedade participe, do contrário a norma constitucional se torna apenas uma promessa. Assegurar às pessoas com doenças raras ou seus representantes a participação na tomada das decisões que afetam os seus direitos significa estar em conformidade com a Constituição da República.

Aqui recordamos o "Comitê da Morte" relatado pela jornalista americana Shana Alexander[22] em artigo publicado na revista americana *Life*, de 1962, intitulado "They decide who lives, who dies" ("Eles decidem quem vive e quem morre"), em que se contava a história de um comitê em Seattle (EUA) com atribuição de selecionar pacientes

---

21 Ver: http://conitec.gov.br/decisoes-sobre-incorporacoes. Acesso em: 3/1/2020.
22 ALEXANDER, Shana. *They decide who lives, who dies*. Chicago, IL. v. 53, n. 19. p. 102-124, 1962. Disponível em: https://books.google.com.br/books?id=qUoEAAAAMBAJ&lpg=PA102&as_pt=MAGAZINES&pg=PA102&redir_esc=y#v=onepage&q=false. Acesso em: 24/1/2020.

para hemodiálise, dado que o número dos que necessitavam da máquina era superior à capacidade ofertada. A solução encontrada foi instituir um grupo de profissionais não médicos que estudariam os históricos clínicos dos pacientes. O comitê enfrentaria questões não médicas para decidir qual paciente tratar. Composto por sete anônimos, o grupo ficou conhecido como Comitê da Morte *(Life or Death Committee)* e, com isso, iniciavam-se as discussões sobre bioética.

Guardadas as devidas proporções, o fato é que pacientes com doenças raras têm grande possibilidade de ter seus sintomas incapacitantes e sua dor aliviados se outros critérios forem analisados. Para tanto, há de ser considerada a participação das associações. Deve haver preocupação em relação à qualidade de vida.

Essa autora participou de um requerimento direcionado ao Ministério da Saúde para que a composição da comissão fosse alterada para assegurar a participação do segmento na discussão da elaboração dos protocolos, permitindo a participação de um geneticista ou, ao menos, de uma organização nacional representativa das pessoas com doenças raras.

Os argumentos apresentados foram de que a comissão tem composição majoritariamente pública e, por isso, não conta com a participação obrigatória de um geneticista ou profissional especializado em doenças raras ou representantes desse segmento. Os geneticistas e médicos especializados são profissionais indispensáveis para os pronunciamentos técnicos que envolvem doenças raras, tanto que a política nacional estabeleceu a presença desses profissionais como condição para a qualificação de um estabelecimento de saúde como Serviço de Referência em Doenças[23].

---

23 Art. 19. Além dos requisitos mínimos de que trata o art. 17, para pleitear a habilitação como Serviço de Referência em Doenças Raras, o estabelecimento de saúde deverá cumprir os seguintes requisitos:
I - Possuir equipe assistencial para cada grupo dos Eixos de que trata o art. 12, composta, no mínimo, por:
[...]
c) médico com título de especialista na área da especialidade que acompanha, registrado no Conselho Regional de Medicina e/ou comprovação de atuação na doença rara específica por pelo menos 5 (cinco) anos;
d) médico geneticista.

A política nacional reconheceu a imprescindibilidade do profissional da genética e de médico especialista em doença rara para o atendimento e parece razoável reconhecer que esses profissionais têm muito a contribuir para a análise dos tratamentos para pessoas com doenças raras.

A resposta, enviada por meio de nota técnica[24], concluiu que:

(i) a avaliação de tecnologias em saúde (ATS), uma das principais ferramentas metodológicas de análise da incorporação de tecnologias, não é uma atividade restrita a profissionais de saúde, sendo possível sua realização por profissionais com qualquer formação acadêmica, desde que tenham capacitação específica, acadêmica, profissional, na área;

(ii) a indicação de membro para compor o Plenário da CONITEC, com viés específico para doenças raras, conflitaria com o caput do art. nº 5o, da Constituição Federal, estar-se-ia, em tese, privilegiando um determinado grupo de pacientes em detrimento dos demais; e

(iii) entende-se não ser adequado estabelecer na legislação qualquer exigência que implique em restrição à formação acadêmica ou experiência profissional de membros do Plenário da CONITEC.

Tal resposta, além de motivo de descontentamento do segmento, parece não estar em consonância com a Política Nacional de Atenção Integral às Pessoas com Doenças Raras implementada pela Portaria nº 199 com a Constituição da República em seu texto original, tampouco com a Constituição emendada pela Convenção Internacional sobre os Direitos das Pessoas com Deficiência, havida em 2009 e pouco falada quando o tema é doença rara e deficiência.

---

24 Nota Técnica 278/2019 CITEC/CGGTS/DGITIS/SCTIE/MS.

Diante das necessidades urgentes e da fragilidade do assunto, é importante ouvir quem está envolvido nessa situação. Por isso, a visão dos pacientes, por si mesmos ou pela voz das suas representações (associações de pacientes), é destacada ao longo desta obra.

d. O microssistema jurídico de proteção

Doenças raras na ONU

A defesa da importância da participação dos interessados em todas as fases que envolvam a implementação de uma política pública para pessoas com doenças raras, sustentada aqui neste livro, é o eco da forma como a Organização das Nações Unidas (ONU) está tratando do tema.

O último relatório do Conselho Econômico e Social da ONU, da reunião do Alto Comissariado para os Direitos Humanos, destacou as doenças raras como um grande desafio, concluindo que, em consonância com o direito inclusivo do direito à saúde, que abarca tanto as prestações de serviços como os fatores determinantes da saúde, a cobertura universal engloba acesso efetivo além da cobertura formal[25].

Isso porque nem todas as doenças são tratáveis e, nesses casos, ainda é maior a importância do acesso a serviços de cuidados prolongados, porque existem opções terapêuticas para apenas 5% das doenças raras. Muitas delas nem sequer são objeto de conhecimento científico, permanecendo sem diagnóstico.

Como conclusão, o Alto Comissariado recomenda que seja garantida a participação dos interessados no estabelecimento de prioridades, assim como na formulação, aplicação, seguimento e evolução das políticas e programas; que os Estados devem adotar planos e estratégias nacionais para a realização progressiva dos direitos à saúde e à seguridade social que integram a cobertura universal nesses setores, a fim de garantir uma

---

25 *Economic, social and cultural rights.* Report of the United Nations High Commissioner for Human Rights. 27 July 2018–26 July 2019. Agenda item 19 (f). Disponível em: https://undocs.org/en/E/2019/52. Acesso em: 7/11/2019.

ampla cobertura para todos, sem discriminação; assegurem mecanismos transparentes e acessíveis para a participação dos interessados.

Convenção Internacional sobre os Direitos das Pessoas com Deficiência

As pessoas com doenças raras podem sofrer impedimentos de longo prazo de natureza física, mental, intelectual ou sensorial que, em interação com uma ou mais barreiras, podem obstruir sua participação plena e efetiva na sociedade em igualdade de condições com as demais pessoas. Assim ocorrendo, incluem-se no conceito dado pela Convenção Internacional sobre os Direitos das Pessoas com Deficiência (CDPD) e inserem-se em um verdadeiro microssistema jurídico de tutela e proteção.

Embora as convenções preexistentes à CDPD sobre direitos humanos oferecessem potencial considerável para promover e proteger os direitos das pessoas com deficiência, esse potencial não estava sendo aproveitado. Esses indivíduos continuaram fora do alcance dos direitos humanos e foram mantidos à margem da sociedade em todas as partes do mundo.

A luta das pessoas com deficiência para o exercício de direitos é contada ao longo da história.

Na Antiguidade, nascer com alguma deficiência era considerado malquerença e hostilidade dos deuses, o que justificava a eliminação sumária dessas pessoas logo após o nascimento, a exemplo da legislação espartana, que preconizava a eliminação pura e simples dos indivíduos com deficiência, como explica Luciana Lorentz:

> *[...] essas crianças deveriam ser levadas ao alto de alguns montes (entre eles o Taigedo, que era um abismo de dois mil e quatrocentos metros de profundidade) e atiradas do alto daqueles precipícios; isto porque em Esparta havia o entendimento de que as pessoas deficientes não seriam*

consentâneas com a manutenção do estado bélico e também porque sequer eram consideradas pessoas[26].

À fase da eliminação seguiu-se a da integração. Nessa fase, a deficiência não era mais considerada resultado da ira dos deuses, o que não mais justificava os atos de crueldade para eliminar essas pessoas. Longe de ser ideal, a fase da integração das pessoas com deficiência corresponde à fase da tolerância:

> *A tolerância, assim, que é a pedra de toque desta fase está muito longe do tratamento de respeito pleno, da admiração, do sentimento de amor entre as pessoas; porém, obviamente, representa um avanço tanto em relação à fase anterior de assistencialismo, que tinha eixo sobre a palavra piedade, quanto em relação à fase de eliminação. Entretanto os ideais de relações entre pessoa portadora de deficiência (PPD) e não PPD com base no real respeito, igualdade e aceitação plena ainda não estão presentes e serão ideias presentes na próxima fase histórica, após a integração.*
> *A evolução da sociedade alcançou a fase da inclusão, onde deve haver a "aceitação da diversidade social como um aspecto do direito à igualdade, sobretudo nas atuais sociedades multiculturais, nas quais a diversidade é a tônica social medular. Outro fator medular desta fase é que a pessoa com deficiência, necessariamente, deve ser agente condutor de sua autonomia e não mero recebedor passivo de prestações alheias, como o foi na fase do assistencialismo e da integração. Ou seja, o cidadão com deficiência tem de ser sujeito de seu processo de inclusão exigindo-se do mesmo um esforço contínuo e pari passu ao esforço social para sua autonomia, direito ao trabalho, educação etc.*[27]

---

26 LORENTZ, Luciana Nacur. *A norma da igualdade e o trabalho das pessoas com deficiência.* São Paulo: LTr, 2006, p. 114.
27 LORENTZ, Luciana Nacur. *A norma da igualdade e o trabalho das pessoas com deficiência.* São Paulo: LTr, 2006, p. 155-156.

A ONU sempre desempenhou importante papel no reconhecimento de direitos das pessoas com deficiência. A Declaração Universal dos Direitos Humanos, proclamada pela Assembleia Geral das Nações Unidas em 1948, reconheceu a dignidade inerente a todos os indivíduos, a quem devem ser atribuídos iguais direitos como fundamento da liberdade.

A Declaração Universal dos Direitos Humanos, contudo, referiu-se às pessoas com deficiência como inválidas, conforme artigo 15, segundo o qual:

> *Toda pessoa tem direito a um padrão de vida capaz de assegurar a si e a sua família, saúde e bem-estar, inclusive alimentação, vestuário, habitação, cuidados médicos e os serviços sociais indispensáveis, o direito à segurança, em caso de desemprego, doença, invalidez, viuvez, velhice ou outros casos de perda dos meios de subsistência em circunstâncias fora do seu controle.*

Mais tarde, a Assembleia Geral proclamou o direito à integração social das pessoas com deficiência por meio de dois importantes atos: a Declaração dos Direitos do Deficiente Mental, em 1971, e a Declaração dos Direitos das Pessoas Deficientes, em 1978, evidentemente muito aquém do necessário reconhecimento das pessoas com deficiência como sujeitos de direitos.

A Declaração dos Direitos do Deficiente Mental assegurava à pessoa com deficiência mental (como eram chamadas à época) a fruição, na medida do possível, dos mesmos direitos que todos os outros seres humanos (art. 1º), considerando que, se *"em virtude da gravidade da sua deficiência, certos deficientes mentais não puderem gozar livremente os seus direitos, ou se impuser uma limitação ou até a supressão desses mesmos direitos, o processo legal utilizado para essa limitação ou supressão deverá preservá-los legalmente contra toda e qualquer forma de abuso. Esse processo deverá basear-se numa avaliação das suas capacidades sociais feita por peritos qualificados. Essa limitação ou supressão de direitos deverá compreender o direito de recurso a instâncias superiores"* (art. 7º).

Em 1975, por ocasião da Declaração dos Direitos dos Deficientes, ainda oferecia à pessoa com deficiência o atributo da incapacidade. Extrai-se do artigo 1º: "o termo pessoas deficientes refere-se a qualquer pessoa incapaz de assegurar por si mesma, total ou parcialmente, as necessidades de uma vida individual ou social normal, em decorrência de uma deficiência, congênita ou não, em suas capacidades físicas ou mentais".

Como visto, a fase da integração das pessoas com deficiência não as reconhecia como verdadeiros sujeitos de direitos, o que veio a acontecer em 2006, por meio da Convenção Internacional sobre os Direitos das Pessoas com Deficiência, instrumento internacional que surge como resposta ao desafio de desenvolvimento social antes negligenciado.

Nesse ínterim, as Nações Unidas proclamaram 1981 como o Ano Internacional das Pessoas Deficientes como forma de chamar a atenção da sociedade para a igualdade de oportunidades. Nesse mesmo ano, a Santa Sé associou-se às iniciativas da sociedade e das Nações Unidas para melhorar a situação das "pessoas deficientes" e oferecer-lhes o seu tributo. Dentre os princípios fundamentais, o documento do Vaticano reconheceu a "pessoa deficiente" como sujeito plenamente humano, com direitos inatos, sagrados e invioláveis, e que deva encontrar facilidades para participar da vida em sociedade em todas as dimensões e em todos os níveis acessíveis à sua possibilidade.

A convenção nasce como resultado da mobilização das organizações da sociedade civil "de" e "para" pessoas com deficiência, ativistas de direitos humanos, agências internacionais, além dos Estados que encamparam a causa. Em 2001, a ONU criou o Comitê *ad hoc* para avaliar propostas, discutir e elaborar seu texto. Cinco anos depois, o tratado foi aprovado na 61ª Assembleia Geral da ONU, em 13 de dezembro de 2006[28].

A convenção foi um importante marco para reconhecer as pessoas com deficiência como sujeitos de direitos, titulares de dignidade e, como tais, merecedores de respeito independentemente de sua limitação

---

28 LOPES, Lais Vanessa Carvalho de Figueiredo. Convenção sobre os Direitos das Pessoas com Deficiência na ONU. In: *Deficiência no Brasil, uma abordagem integral dos direitos das pessoas com deficiência*. Editora Obra Jurídica, 2007.

funcional e, desde então, tenta-se deixar para trás um cenário em que "o outro" não precisava ser visto.

Flávia Piovesan[29] diz que a história dos direitos humanos pode ser pensada como uma viagem guiada por luzes que atravessam ruínas deixadas por tempestades devastadoras e intermitentes, como a eloquente descrição feita por Walter Benjamin da pintura *Angelus Novus (The Angel of History)*, de Paul Klee. Na interpretação de Walter Benjamin:

> *A face do anjo da história é virada para o passado. Ainda que nós vejamos uma cadeia de eventos, ele vê apenas uma catástrofe [...]. O anjo gostaria de lá permanecer, para ser despertado pela morte, atestando tudo o que teria sido violentamente destruído. Mas uma tempestade se propaga do paraíso; alcança suas asas com tamanha violência que o anjo não mais pode fechá-las. Esta tempestade o compele ao futuro, para o qual suas costas estavam viradas [...]. Esta tempestade é o que nós chamamos de progresso.*

A convenção internacional é a tempestade para alcançar o progresso de efetivação dos direitos das pessoas com deficiência. Ela rompeu o percurso histórico de exclusão, rejeição, tolerância, assistencialismo e caridade para reconhecer a dignidade humana da pessoa com deficiência e assegurar-lhe o efetivo exercício dos direitos. A convenção passou a ver "o outro" como um ser merecedor de consideração e respeito que, segundo Flávia Piovesan, é a ética dos direitos humanos.

Os direitos conquistados são "resultado da histórica luta do movimento político das pessoas com deficiência, travada ao longo de décadas, em busca do exercício de sua cidadania e do protagonismo de suas próprias vidas, em igualdade de oportunidades com o restante da população"[30].

---

29 Novos Comentários à Convenção sobre os Direitos das Pessoas com Deficiência. Secretaria de Direitos Humanos da Presidência da República (SDH/PR)/Secretaria Nacional de Promoção dos Direitos da Pessoa com Deficiência (SNPD) • Novos Comentários à Convenção sobre os Direitos das Pessoas com Deficiência: SNPD – SDH-PR, 2014.
30 Idem.

Os direitos das pessoas com deficiência são direitos humanos e, portanto, direitos construídos, sendo oportuna a lição de Norberto Bobbio, para quem "os direitos do homem, por mais fundamentais que sejam, são direitos históricos, ou seja, nascidos em certas circunstâncias, caracterizadas por lutas em defesa de novas liberdades contra velhos poderes, e nascidos de modo gradual, não todos de uma vez e nem de uma vez por todas"[31].

A aprovação da convenção contou com a participação da sociedade civil e das próprias pessoas com deficiência. Conforme R. Pinto, as organizações não governamentais (ONGs) assumem um papel cada vez mais relevante na formação da *opinio jures* internacional. Se há algumas décadas era possível abordar o processo de formação das normas do direito internacional geral com a atenção voltada somente às fontes estatais e interestatais das formas escritas do direito internacional, em nossos dias não é mais possível deixar de igualmente reconhecer as fontes não estatais, decorrentes da atuação da sociedade civil organizada no plano internacional[32].

Veio das organizações não governamentais o verdadeiro mantra sobre esse assunto, batizado de "Nothing about us without us" ("Nada sobre nós sem nós"), ou seja, requerendo que nenhum processo fosse desenvolvido sem a participação das pessoas com deficiência e suas associações. Esse "mantra inegociável" fazia parte da estratégia, muito eficiente, de influência política das organizações e obteve grande êxito em sugerir um documento-base que contasse em sua composição com um terço de participação da sociedade civil[33]. Na prática, o "Nothing about us without us" reforçou o que as pessoas com deficiência querem:

---

31 BOBBIO, Norberto, 1909. *A era dos direitos.* Trad. Carlos Nelson Coutinho; apresentação Celso Lafer. Nova ed. Rio de Janeiro: Elsevier, 2004. 7ª reimpressão, p. 9.
32 PINTO, R. Tendances de l'elaboration des formes ecrites du Droit International in l'elaboration du Droit International Public (Colloque de Toulouse, Société Française pour le Droit International), Paris, Pédone 1975, p. 13-30. In: *Jornadas de Direito Internacional Público no Itamaraty* (2005: Brasília, DF); *Desafios do direito internacional contemporâneo* / Antônio Paulo Cachapuz de Medeiros (org.). Brasília: Fundação Alexandre de Gusmão, 2007.
33 Ver: https://tede2.pucsp.br/bitstream/handle/8653/1/Lais%20Vanessa%20Carvalho%20de%20Figueiredo%20Lopes.pdf. Acesso em: 19/8/19.

ter o direito assegurado de participar de todas as políticas públicas que lhes digam respeito.

A convenção tem muitos méritos. Tem o propósito de promover, proteger e assegurar o exercício pleno e equitativo de todos os direitos humanos e liberdades fundamentais por todas as pessoas com deficiência e promover o respeito pela sua dignidade inerente (art. 1º). A CDPD modificou o cenário de exclusão das pessoas com deficiência, abandonou o assistencialismo e adotou:

- o reconhecimento de direitos de igualdade perante a lei (art. 12);
- o acesso à justiça (art. 13);
- liberdade e segurança (art. 14);
- vida independente (art. 19);
- mobilidade pessoal (art. 20);
- liberdade de expressão (art. 21);
- privacidade (art. 22);
- respeito pelo lar e família (art. 23);
- educação (art. 24);
- saúde (art. 25);
- habilitação e reabilitação (art. 26);
- trabalho e emprego (art. 27);
- padrão de vida e proteção social adequados (art. 28);
- participação na vida pública e política (art. 29); e
- lazer, recreação e esporte (art. 30).

A convenção não criou direitos, mas estabeleceu as obrigações legais dos Estados para promoção e proteção dos direitos das pessoas com deficiência. Desde então, houve mudança de paradigma que, infelizmente, ainda não foi objeto de percepção por parte dos operadores do Direito.

A convenção também alterou o conceito de deficiência. O critério médico até então adotado foi suplantado pelo critério biopsicossocial, segundo o qual pessoas com deficiência são aquelas que têm impedimento de longo prazo de natureza física, mental, intelectual ou sensorial, os quais, em interação com diversas barreiras, podem obstruir sua participação plena e efetiva na sociedade em igualdade de condições com as demais pessoas[34].

Nos termos da convenção, é preciso corrigir o que está errado na sociedade como forma de derrubar as barreiras que impedem a plena igualdade, sejam arquitetônicas, de comunicação, tecnológicas ou, principalmente, atitudinais.

A alteração do conceito nos orienta a concluir que a deficiência não está na pessoa, mas em barreiras que lhe são extrínsecas. Está no edifício não adaptado, no restaurante que não disponibiliza um cardápio traduzido, na escola que não oferta o intérprete etc.

É preciso, portanto, refutar a percepção de que as pessoas com deficiência são consideradas objetos de caridade e de proteção social. É preciso compreendê-las como sujeitos de direito, capazes de tomar decisões sobre a vida e reivindicar direitos em seu próprio nome.

A internalização da convenção no ordenamento jurídico brasileiro

A convenção foi assinada em Nova York em 30 de março de 2007, e a República Federativa do Brasil, como Estado soberano, não ficou alheia aos reclamos internacionais no que tange os direitos das pessoas com deficiência e ratificou a convenção, vinculando-se juridicamente a ela por meio do Decreto nº 6949/2009, quando a internalizou no ordenamento jurídico. Por se tratar de matéria de direitos humanos, com a adoção do procedimento previsto no § 3º do art. 5º da Constituição Federal, a convenção foi incorporada pelo Brasil com *status* de emenda constitucional.

---

[34] Convenção das Nações Unidas sobre os Direitos das Pessoas com Deficiência, art. 1º, segunda parte.

É, portanto, imprescindível compreendê-la no nosso ordenamento jurídico como emenda constitucional – por ter sido aprovada pela Câmara e pelo Senado em dois turnos, por três quintos dos votos dos respectivos membros, conforme o comando do § 3º do art. 5º da Constituição Federal de 1988, segundo o qual "os tratados e convenções internacionais sobre direitos humanos que forem aprovados, em cada Casa do Congresso Nacional, em dois turnos, por três quintos dos votos dos respectivos membros, serão equivalentes às emendas constitucionais".

A CDPD é o único instrumento internacional de direitos humanos aprovado e internalizado com *status* de emenda constitucional até hoje.

É forçoso concluir que a convenção, como emenda, alterou não somente a Constituição, mas toda a legislação infraconstitucional. Isso porque as emendas correspondem ao poder de reforma da Constituição. Prestam-se a alterações do texto constitucional e das leis infraconstitucionais, invalidando tudo aquilo que com ela confronte.

A Constituição, se cotejada com a convenção, passa pelo crivo da compatibilidade das normas, exceto pela nomenclatura ainda adotada "pessoa portadora de deficiência", que merece ser abandonada.

A redação da convenção e, no Brasil, da lei da inclusão, não faz uso da expressão "pessoa portadora de deficiência", e isso não é por acaso, mas fruto de respeito ao desejo das pessoas com deficiência. As expressões "portador de deficiência" e "portador de necessidades especiais" devem ser sumariamente banidas e, no cenário internacional, a expressão "*handicapped*" ou "*physically or mentally challenged*", igualmente.

No que guarda relação com o direito à saúde, o compromisso assumido internacionalmente pelo Brasil, por ocasião da ratificação da convenção, está disposto no artigo 25 com *status* de norma constitucional.

A implementação da CDPD pelos Estados Partes é objeto de monitoramento pelo Comitê dos Direitos das Pessoas com Deficiência. Em 2015, o comitê relatou os dados do Brasil destacando algumas recomendações. Em relação à saúde, apontou a preocupação de uma estratégia coerente e global, voltada para a deficiência e harmonização da legislação, políticas e programas do Estado Parte e a recomendação de ação coordenada com as organizações de pessoas com deficiências, e revisão sistemática da legislação, políticas e programas existentes para estarem em conformidade com a convenção.

No que se refere ao direito à saúde, o comitê se disse preocupado que os serviços convencionais não sejam acessíveis para pessoas com deficiência por falta de profissionais de saúde que tenham formação adequada para prestar serviços de forma inclusiva e atender às necessidades específicas das pessoas com deficiência. O comitê recomendou que o Estado Parte garanta que os profissionais de saúde nos serviços convencionais recebam formação sobre os direitos consagrados na convenção.

A Lei Brasileira da Inclusão

Ao ratificar a convenção internacional, o Brasil e demais Estados Partes comprometeram-se a assegurar e promover o pleno exercício de todos os direitos humanos e liberdades fundamentais por todas as pessoas com deficiência, sem qualquer tipo de discriminação e com a obrigação de adotar todas as medidas cabíveis para a consecução de tais objetivos, por meio de posição ativa para realizar os propósitos da convenção.

A Lei Brasileira da Inclusão coroa a convenção e surge para impor obrigações ao Estado e aos diversos segmentos da sociedade:

- Art. 29: escolas públicas e particulares obrigam-se a fornecer os instrumentos de apoio sem qualquer custo adicional;
- Art. 47, §1º: estacionamentos públicos ou privados obrigam-se a reserva de vagas;
- Art. 44: teatros, cinemas, auditórios, estádios, ginásios de esporte, locais de espetáculos e de conferências e similares obrigam-se a reservar espaços livres e assentos para a pessoa com deficiência;
- Art. 45: hotéis, pousadas e similares devem ser construídos observando-se os princípios do desenho universal, além de adotar todos os meios de acessibilidade.

O Estado sofreu imposições para a eliminação das barreiras impeditivas, a exemplo das obrigações quando ofertar serviços de habilitação e reabilitação (art. 16), assegurar a proteção integral à saúde (art. 18), incluir residências acessíveis nos programas habitacionais (art. 32) e em tantos outros dispositivos.

No que guarda relação com o direito à saúde, a Lei Brasileira da Inclusão lhe dedica o artigo nº 25, assegurando a atenção integral, em todos os níveis de complexidade, por intermédio do SUS, garantindo acesso universal e igualitário, com a participação da pessoa com deficiência na elaboração das políticas de saúde a ela destinadas.

Se a pessoa com doença rara se enquadra no microssistema dos direitos da pessoa com deficiência, esse fato repercute no campo das políticas públicas, notadamente na definição de quais políticas são prioritárias, tendo em vista que a República Federativa do Brasil, na condição de Estado Parte, assumiu o compromisso de priorizar suas ações para esse grupo da sociedade.

Como visto, as pessoas com deficiência têm assegurado um microssistema jurídico para proteção e efetivação dos seus direitos, e as pessoas com doenças raras que se inserem no conceito de pessoa com deficiência não podem ser excluídas, sob nenhuma hipótese, desse microssistema.

É imprescindível que o Estado e a sociedade promovam uma verdadeira inclusão social das pessoas com doenças raras. Romeu Kazumi Sassaki conceitua a inclusão social como:

> [...] *o processo pelo qual a sociedade se adapta para poder incluir, em seus sistemas sociais gerais, pessoas com necessidades especiais e, simultaneamente, estas se preparam para assumir seus papéis na sociedade. A inclusão social constitui, então, um processo bilateral no qual as pessoas, ainda excluídas, e a sociedade buscam, em parceria, equacionar problemas, decidir sobre soluções e efetivar a equiparação de oportunidades para todos.*

E prossegue dizendo que:

> *[...] para incluir todas as pessoas, a sociedade deve ser modificada a partir do entendimento de que ela é que precisa ser capaz de atender às necessidades de seus membros. O desenvolvimento (por meio da educação, reabilitação, qualificação profissional, etc.) das pessoas com deficiência deve ocorrer dentro do processo de inclusão e não como um pré-requisito para estas pessoas poderem fazer parte da sociedade.*

Finalmente, conclui:

> *A inclusão social, portanto, é um processo que contribui para a construção de um novo tipo de sociedade, por meio de transformações, pequenas e grandes, nos ambientes físicos (espaços internos e externos, equipamentos, aparelhos e utensílios, mobiliário e meios de transporte) e na mentalidade de todas as pessoas, portanto também do próprio portador de necessidades especiais*[35].

Nesse sentido, essa mudança paradigmática aponta para os deveres do Estado de remover e eliminar os obstáculos que impeçam o pleno exercício de direitos das pessoas com deficiência, viabilizando o desenvolvimento de suas potencialidades, com autonomia e participação. De "objeto" de políticas assistencialistas e de tratamentos médicos, as pessoas com deficiência passam a ser concebidas como verdadeiros sujeitos, titulares de direitos.

Recentemente, o Supremo Tribunal Federal (STF), no julgamento da Ação Direta de Inconstitucionalidade ADI 5753, promovida pela Confederação das Escolas Particulares, impugnou a conformidade de alguns artigos da Lei Brasileira da Inclusão que impunham às escolas particulares a oferta de mecanismos de assistência para a educação

---

35 SASSAKI, Romeu Kazumi. *Inclusão*. Construindo uma sociedade para todos. Rio de Janeiro: WVA, 1997, p. 41-42.

do aluno sem qualquer custo adicional. A confederação não havia compreendido que a inclusão é justamente a necessidade da sociedade, além do Estado, de diminuir as barreiras existentes para que as pessoas tenham igualdade de condições.

Extrai-se do voto do relator, ministro Edson Fachin:

> *Pluralidade e igualdade são duas faces da mesma moeda. O respeito à pluralidade não prescinde do respeito ao princípio da igualdade. E na atual quadra histórica, uma leitura focada tão somente em seu aspecto formal não satisfaz a completude que exige o princípio.*
>
> *Assim, a igualdade não se esgota com a previsão normativa de acesso igualitário a bens jurídicos, mas engloba também a previsão normativa de medidas que efetivamente possibilitem tal acesso e sua efetivação concreta.*
>
> *Posta a questão nestes termos, foi promulgada pelo Decreto nº 6.949/2009 a Convenção Internacional sobre os Direitos das Pessoas com Deficiência, dotada do propósito de promover, proteger e assegurar o exercício pleno e equitativo de todos os direitos humanos e liberdades fundamentais por todas as pessoas com deficiência, promovendo o respeito pela sua inerente dignidade (art. 1º).*

Resta, então, verificar se a CDPD e a Lei Brasileira da Inclusão estão assumindo o importante papel de diretriz quando a deficiência e a doença rara recaem na mesma pessoa.

"Nada sobre nós sem nós"
(Nothing about us without us)

Como afirmamos anteriormente, a CDPD contou com o envolvimento de pessoas com deficiência que desempenharam papel decisivo para a sua elaboração e deve ser assegurada a sua participação efetiva em todos os assuntos que digam respeito a elas. Para que não pairem dúvidas, a CDPD consagra expressamente a obrigação dos Estados de consultar e envolver ativamente as pessoas com deficiência. Assegurar às pessoas com deficiência a participação na tomada das decisões que afetam os seus direitos, assim como as pessoas com doenças raras, significa estar em conformidade com a CDPD e com a própria Constituição Federal.

A ONU mantém um comitê de monitoramento da efetivação da convenção pelos Estados Parte. Em novembro de 2018, a ONU publicou o Comentário Geral nº 7 sobre a participação de pessoas com deficiência, por meio de suas organizações representativas, da mesma maneira que lhe fora assegurada a participação quando da negociação, desenvolvimento e elaboração da convenção.

Extrai-se do documento, em tradução livre:

> *Muitas vezes, as pessoas com deficiência não são consultadas na tomada de decisões sobre assuntos que afetam as suas vidas, continuando as decisões em seu nome. As consultas com pessoas com deficiência foram reconhecidas como importantes nas últimas décadas, graças ao surgimento de movimentos de pessoas com deficiência que exigem reconhecimento de seus direitos humanos e seu papel na determinação desses direitos. O lema "nada sobre nós sem nós" ressoa com a filosofia e a história do movimento dos direitos das pessoas com deficiência, que se baseia no princípio da participação significativa.*

O comitê considera que o envolvimento das pessoas com deficiência pode se dar por meio das organizações representativas, distinguindo-as em "organizações de pessoas com deficiência" e "organizações para pessoas com deficiência", ressaltando que pode existir conflito de interesses desta última caso priorizem suas finalidades enquanto entidades privadas.

Ressalta também que os Estados Partes devem incluir a obrigação de consultar e envolver ativamente as pessoas com deficiência, por meio de suas próprias organizações, em estruturas e procedimentos legais e regulamentares em todos os níveis e ramos do governo, e que também devem considerar as consultas e o envolvimento de pessoas com deficiência como uma etapa obrigatória antes da aprovação de leis, regulamentos e políticas, sejam eles comuns ou específicos da deficiência. Portanto, as consultas devem começar nos estágios iniciais e fornecer uma entrada para o produto final em todos os processos de tomada de decisão. As consultas devem incluir organizações que representem a grande diversidade de pessoas com deficiência, nos níveis local, nacional, regional e internacional.

Capítulo 4

Políticas públicas (in)existentes para doenças raras no âmbito do Poder Legislativo

As políticas públicas correspondem a um fazer do Estado para concretizar os direitos fundamentais estabelecidos na Constituição Federal. São "programas de ação governamental visando a coordenar os meios à disposição do Estado e as atividades privadas, para a realização de objetivos socialmente relevantes e politicamente determinados", a exemplo da Política Nacional implementada pela Portaria nº 199, já aqui abordada. Elas se prestam "para dar efetividade aos direitos assegurados pela Constituição aos cidadãos através das atividades do Estado"[36].

Normalmente, as políticas públicas são estabelecidas por meio de atos dos poderes Legislativo e Executivo, seja por intermédio de leis, atos normativos ou administrativos.

Ana Paula de Barcellos atribui ao administrador público a implementação de ações e programas que visam a prestação de serviços para atender aos Direitos Fundamentais, a partir dos dispositivos constitucionais[37].

---

36 BUCCI, Maria Paula Dallari. *Direito administrativo e políticas públicas*. São Paulo: Saraiva, 2006, p. 241.
37 BARCELLOS, Ana Paula de. Neoconstitucionalismo, direitos fundamentais e controle das políticas públicas. In: *Revista de Direito Administrativo*, abr./jun. 2005, nº 240. Rio de Janeiro: Renovar, 2005.

Ocorre que a implementação de políticas públicas não é atribuição exclusiva do Poder Executivo. O Poder Legislativo também tem a atribuição de garantir a efetivação dos direitos dos representados e deve, no exercício da atividade parlamentar, formular políticas públicas, desde que respeitada a competência privativa do chefe do Executivo, no que se inclui vedar alteração da estrutura de órgãos para a implementação de tais políticas.

O professor Thiago Lima Breus sustenta que a eleição dos direitos que serão promovidos ou protegidos pelo Estado por meio da implementação de políticas públicas não se encontra exclusivamente no campo da deliberação política, mas está submetida aos comandos constitucionais. Para o autor, as políticas públicas são os meios pelos quais os fins constitucionais podem ser realizados.

Para ele, o Direito Administrativo passa por um amplo processo de transformação, provocado pela permuta da rubrica "interesse público", metafísica, monolítica e unilateral, e que funcionava como verdadeiro abracadabra do Estado de Direito pelas finalidades éticas e plurais que se impõem ao aparato estatal na contemporaneidade, as quais não necessariamente deixam de ser expressão dos interesses públicos existentes na sociedade.

A Constituição é voltada para a construção de uma sociedade livre, justa e solidária, com fundamento na dignidade da pessoa humana. Nesse passo, nada impede que o Poder Legislativo, desde que respeitada a competência privativa do chefe do Poder Executivo, possa, no exercício da atividade parlamentar, formular políticas públicas.

O tema já foi objeto de estudo e reflexão no âmbito do Legislativo, na obra *Limites da iniciativa parlamentar sobre políticas públicas*, do Núcleo de Estudos Jurídicos do Senado Federal, em que o autor conclui que o Poder Legislativo tem a prerrogativa – e o dever – de concretizar os direitos fundamentais sociais, aos quais está constitucionalmente vinculado (art. 5º, § 1º)[38]. Dessa maneira, o autor defende interpretação da alínea e do inciso II do § 1º do art. 61 que seja compatível com a

---

38 Ver: www.senado.gov.br/conleg/nepsf1.html, ISSN 1983-645, texto para discussão 122, fevereiro de 2013.

prerrogativa do legislador de formular políticas públicas, ressaltando que o que não se admite é que, por iniciativa parlamentar, promova-se o redesenho de órgãos do Executivo ou a criação de novas atribuições (ou mesmo de novos órgãos).

Até o presente momento, não há muito a ser relatado sobre a efetividade da atuação do Poder Legislativo em implementar políticas públicas tratando-se das doenças raras. É certo que alguns parlamentares, de ambas as casas legislativas, propiciaram ao longo dos últimos anos, sob a forma de consultas e audiências públicas, debates e encontros nos quais os diversos atores puderam pluralizar o debate sobre tão importante tema.

Contudo, a aprovação de lei que beneficie esse segmento ainda se reduz à Lei nº 13.693/2018, que instituiu o Dia Nacional de Doenças Raras, a ser celebrado, anualmente, no último dia do mês de fevereiro.

Ainda se encontram em tramitação alguns projetos de lei com propostas mais efetivas, por exemplo:

a) PL 2654/2015: incluir as despesas de aquisição de medicamentos para o tratamento de doenças raras nas hipóteses de dedução de Imposto de Renda de pessoas físicas;

b) PLC 56/2016: sobre a dispensação de medicamentos para doenças raras que não constam das listagens do SUS;

c) PL 4.345/16: que cria centros para tratamentos de doenças raras em todo o país;

d) PL 5017/2016: que trata do uso compassivo de fármacos experimentais para pacientes com doenças raras ou graves;

e) PL 5998/16: que estabelece critérios diferenciados para a incorporação de medicamentos órfãos destinados ao tratamento de doenças raras.

Capítulo 5

Doenças raras no âmbito do Poder Judiciário
Política pública (não) implementada

A judicialização da saúde tem sido apresentada à sociedade como uma grande vilã, ao argumento de que não se pode dar tudo a todos. De que seria impossível dar a todos os tratamentos mais recentes resultantes de avanços tecnológicos, ou de que as pessoas fazem mau uso do seu direito de ação ou ainda que os juízes são demasiadamente benevolentes com os pedidos que analisam.

No que se refere às doenças raras, atualmente o Sistema Único de Saúde (SUS) dispõe de apenas 45 Protocolos Clínicos de Diretrizes Terapêuticas (PCDT) por meio dos quais foram incorporados alguns tratamentos. O número é contrastante se confrontado com o de doenças existentes, estimadas entre 6 mil e 8 mil, sendo que, destas, 10% teriam algum tratamento existente (aproximadamente 600 doenças).

Essa diferença entre o número de medicamentos incorporados no sistema público e o total de doenças raras é o que explica o volume de pedidos que foram parar no Poder Judiciário. Muitas das ações movidas pelas pessoas com doenças raras foram a única alternativa encontrada diante da inexistência de oferta no sistema público.

É legítimo ao paciente querer o melhor para si em todos os aspectos da vida e não poderíamos exigir conduta diferente diante da oferta de novas tecnologias. Mas é indiscutível que, havendo uma política pública implementada, ela deva ser privilegiada. No entanto, em relação a várias doenças raras, o problema é justamente a inexistência de uma política pública implementada. Diante dessa falta de oferta, o cidadão acaba procurando o Judiciário.

Nessas situações de omissão do Poder Público, o Judiciário não é chamado para criar uma norma jurídica, o que não é sua atribuição. É chamado para assegurar o direito essencial que não pode ser amparado diante da ausência de política pública implementada. Isso acontecerá até que o poder competente implemente efetivamente políticas públicas satisfatórias para os cidadãos.

O ministro Celso de Mello[39] assim se pronunciou: "A omissão do Estado – que deixa de cumprir, em maior ou em menor extensão, a imposição ditada pelo texto constitucional – qualifica-se como comportamento revestido da maior gravidade político-jurídica, eis que, mediante inércia, o Poder Público também desrespeita a Constituição, também ofende direitos que nela se fundam e também impede, por ausência de medidas concretizadoras, a própria aplicabilidade dos postulados e princípios da Lei Fundamental".

O direito à saúde é assim previsto na Constituição:

> *Art. 196. A saúde é direito de todos e dever do Estado, garantido mediante políticas sociais e econômicas que visem à redução do risco de doença e de outros agravos e ao acesso universal e igualitário às ações e serviços para sua promoção, proteção e recuperação.*
> *Art. 198. As ações e serviços públicos de saúde integram uma rede regionalizada e hierarquizada e constituem um sistema único, organizado de acordo com as seguintes diretrizes:*
> *I - descentralização, com direção única em cada esfera de governo;*

---

39 RTJ 185/794-796, Rel. min. Celso de Mello, Pleno.

II - atendimento integral, com prioridade para as atividades preventivas, sem prejuízo dos serviços assistenciais;
III - participação da comunidade.

A regra, inscrita nos artigos citados, segundo o ministro Celso de Mello, tem caráter programático e por destinatários os entes políticos que compõem a organização federativa do Estado brasileiro, mas não pode converter-se em promessa constitucional, sob pena de o poder público, fraudando justas expectativas nele depositadas pela coletividade, substituir, de maneira ilegítima, o cumprimento de seu impostergável dever, por um gesto irresponsável de infidelidade governamental ao que determina a própria Lei Fundamental do Estado.

O doutrinador J.J. Canotilho[40] fez uso da expressão "aleluia jurídico" para se referir às promessas constitucionais, quando lecionava acerca da eficácia positiva das normas programáticas, sendo certo que o direito fundamental e essencial à saúde se encontra na Constituição, há de ser-lhe dada máxima efetividade, do contrário será apenas uma "aleluia jurídico":

> *O problema atual dos "direitos sociais" ou direitos a prestações em sentido restrito está em "levarmos a sério" o reconhecimento constitucional de direitos, como o direito ao trabalho, o direito à saúde, o direito à educação, o direito à cultura, o direito ao ambiente. Independentemente das dificuldades (reais) que suscita um tipo de direitos subjetivos onde falta a capacidade jurídica poder para obter a sua efetivação prática não podemos considerar como simples 'aleluia jurídico' (C. Schmitt) o fato de as constituições (como a portuguesa de 1976 e a espanhola de 1978) considerarem certas posições jurídicas de tal modo fundamentais que a sua ou não garantia não pode ser deixada aos critérios (ou até arbítrio) de simples maiorias parlamentares.*

---

40 CANOTILHO. J. J. Gomes. *Direito constitucional e teoria da Constituição.* 7ª ed. Coimbra: Edições Almedina, 2004, p. 108.

Entretanto, o fato é que o direito à saúde e vários outros previstos na Constituição dependem, para a sua efetivação, de prestações materiais que, por sua vez, dependem de recursos.

Nesses casos, "pode o Judiciário verificar quais prestações materiais são de possível atendimento, dando ao direito fundamental o adequado nível de desenvolvimento e efetivação. Afinal, embora seja ampla a liberdade do legislador na elaboração do orçamento, este não deve descuidar-se das exigências constitucionais"[41].

Por diversas ocasiões, o Poder Judiciário deferiu medidas que equivalem a implementação das prestações materiais, valendo citar:

> *É certo que não se inclui, ordinariamente, no âmbito das funções institucionais do Poder Judiciário – e nas desta Suprema Corte, em especial – a atribuição de formular e de implementar políticas públicas (JOSÉ CARLOS VIEIRA DE ANDRADE, "Os Direitos Fundamentais na Constituição Portuguesa de 1976", p. 207, item n. 05, 1987, Almedina, Coimbra), pois, nesse domínio, o encargo reside, primariamente, nos Poderes Legislativo e Executivo. Tal incumbência, no entanto, embora em bases excepcionais, poderá atribuir-se ao Poder Judiciário, se e quando os órgãos estatais competentes, por descumprirem os encargos político-jurídicos que sobre eles incidem, vierem a comprometer, com tal comportamento, a eficácia e a integridade de direitos individuais e/ou coletivos impregnados de estatura constitucional, ainda que derivados de cláusulas revestidas de conteúdo programático.*
>
> *Cabe assinalar, presente esse contexto – consoante já proclamou esta Suprema Corte – que o caráter programático das regras inscritas no texto da Carta Política "não pode converter-se em promessa constitucional inconsequente, sob pena de o Poder Público, fraudando justas expectativas nele depositadas pela coletividade, substituir, de maneira ilegítima, o cumprimento de seu impostergável dever, por um gesto*

---

[41] MORO, Sergio Fernando. *Desenvolvimento e efetivação judicial das normas constitucionais.* Disponível em: https://acervodigital.ufpr.br/handle/1884/43018. Acesso em: 13/8/2019.

irresponsável de infidelidade governamental ao que determina a própria Lei Fundamental do Estado" (RTJ 175/1212-1213, Rel. Min. CELSO DE MELLO). Não deixo de conferir, no entanto, assentadas tais premissas, significativo relevo ao tema pertinente à "reserva do possível" (STEPHEN HOLMES/ CASS R. SUNSTEIN, "The Cost of Rights", 1999, Norton, New York), notadamente em sede de efetivação e implementação (sempre onerosas) dos direitos de segunda geração (direitos econômicos, sociais e culturais), cujo adimplemento, pelo Poder Público, impõe e exige, deste, prestações estatais positivas concretizadoras de tais prerrogativas individuais e/ou coletivas. ADPF 45 MC / DF – DISTRITO FEDERAL, MEDIDA CAUTELAR EM ARGUIÇÃO DE DESCUMPRIMENTO DE PRECEITO FUNDAMENTAL Relator(a): Min. CELSO DE MELLO, Publicação: DJ 04/05/2004 PP-00012 RTJ VOL-00200-01 PP-00191).

Os poderes Legislativo e Executivo têm a inafastável obrigação de tornar efetivas as prestações de saúde, devendo promover, em favor das pessoas, ações preventivas e de recuperação mediante o fornecimento de prestações materiais. Tal fato, todavia, não impede que o Poder Judiciário estabeleça a obrigação ou prestação material que comprovadamente seja adequada e eficiente à manutenção da saúde, leia-se vida, do cidadão. A atuação do Judiciário torna-se ainda mais necessária para os tratamentos direcionados às pessoas com doenças raras, porque elas constituem um grupo de minorias sub-representadas, como já pontuado anteriormente.

Por meio da judicialização, há o controle de políticas públicas "sem que tal implique a substituição do Poder Legislativo ou do Executivo pelo Poder Judiciário. Tudo isso com imensos ganhos para a democracia e de modo a reforçar a legitimidade do sistema representativo"[42].

---

42 JORGE NETO, Nagibe de Melo. *O controle jurisdicional das políticas públicas*: concretizando a democracia e os direitos sociais fundamentais. Salvador: Jus Podivm, 2008, p. 65-66.

Capítulo 6

A limitação orçamentária

A limitação orçamentária tem sido invocada pelo poder público como impeditiva de implementação de políticas públicas nas defesas apresentadas nos processos judiciais pela Teoria da Reserva do Possível. Argumenta-se que as prestações positivas estatais dependem da alocação de recursos conforme forem definidas as prioridades e que ao Judiciário seria vedado atuar como gestor do orçamento.

Para Sergio Fernando Moro[43]:

> *Faça-se a ressalva de que a competência reservada ao legislador para elaboração da lei orçamentária não é absoluta, estando sujeita a normas constitucionais. Talvez o legislador disponha aqui de maior "liberdade" devido à falta de maior grau de determinação dos parâmetros constitucionais. Entretanto, esta "liberdade" é ainda vinculada, não podendo o legislador*

---

43 MORO, Sergio Fernando. *Desenvolvimento e efetivação judicial das normas constitucionais.* Disponível em: https://acervodigital.ufpr.br/handle/1884/43018. Acesso em: 13/8/19.

> *descuidar-se de suas tarefas constitucionais, o que torna possível o controle judicial.*

A limitação de recursos também não pode servir de escudo para toda omissão.

"Apesar de tais dificuldades, é preciso destacar que, se o Poder Judiciário não pode formular e executar políticas públicas, é capaz, contudo, de controlá-las sob o prisma constitucional, sobretudo no que tange ao núcleo dos direitos fundamentais"[44].

Segundo a jurista Ana Paula de Barcellos[45],

> *[...] a limitação de recursos existe e é uma contingência que não se pode ignorar. O intérprete deverá levá-la em conta ao afirmar que algum bem pode ser exigido judicialmente, assim como o magistrado, ao determinar seu fornecimento pelo Estado. Por outro lado, não se pode esquecer que a finalidade do Estado ao obter recursos, para, em seguida, gastá-los sob a forma de obras, prestação de serviços, ou qualquer outra política pública, é exatamente realizar os objetivos fundamentais da Constituição. A meta central das Constituições modernas, e da Carta de 1988 em particular, pode ser resumida, como já exposto, na promoção do bem-estar do homem, cujo ponto de partida está em assegurar as condições de sua própria dignidade, que inclui, além da proteção dos direitos individuais, condições materiais mínimas de existência. Ao apurar os elementos fundamentais dessa dignidade (o mínimo existencial), estar-se-ão estabelecendo exatamente os alvos prioritários dos gastos públicos. Apenas depois de atingi-los é que se poderá discutir, relativamente*

---

44 GONÇALVES, Leonardo Augusto. *Direitos fundamentais sociais e o controle jurisdicional das políticas públicas*. Disponível em: http://www.dominiopublico.gov.br/download/teste/arqs/cp114236.pdf. Acesso em: 27/1/2020.
45 BARCELLOS, Ana Paula de. Neoconstitucionalismo, direitos fundamentais e controle das políticas públicas. In: *Revista de Direito Administrativo*. Abr./Jun. 2005, n° 240. Rio de Janeiro: Renovar, 2005.

aos recursos remanescentes, em que outros projetos se deverão investir. O mínimo existencial, como se vê, associado ao estabelecimento de prioridades orçamentárias, é capaz de conviver produtivamente com a reserva do possível.

A teoria da reserva do possível teve origem na Alemanha, quando a Corte daquele país discutia a limitação do número de vagas nas universidades alemãs. Conforme Fernando Mânica[46], a pretensão dos estudantes baseou-se no artigo 12 da Lei Fundamental Alemã, segundo o qual "todos os alemães têm direito a escolher livremente sua profissão, local de trabalho e seu centro de formação".

Para decidir, a Corte Constitucional compreendeu – aplicando a teoria inovadora da "Reserva do Possível" – que o direito à prestação positiva (o número de vagas nas universidades) se encontrava dependente da reserva do possível, e decidiu que o cidadão só poderia exigir do Estado aquilo que razoavelmente se pudesse esperar.

Para Ingo Sarlet[47], o Tribunal alemão entendeu que "[...] a prestação reclamada deve corresponder ao que o indivíduo pode razoavelmente exigir da sociedade, de tal sorte que, mesmo dispondo o Estado de recursos e tendo poder de disposição, não se pode falar em uma obrigação de prestar algo que não se mantenha nos limites do razoável".

A compreensão da reserva do possível não pode se limitar a uma simples aferição de existência de recursos materiais ou financeiros suficientes para a efetivação dos direitos sociais, mas, sim, à razoabilidade da pretensão proposta frente à sua concretização.

Na decisão da Arguição de Descumprimento de Preceito Fundamental (ADPF) nº 45, não obstante tenha sido julgado o pedido pela perda do objeto, o Supremo Tribunal Federal (STF) fez considerações a respeito da teoria da reserva do possível. O ministro Celso de Mello relatou:

---

46 MÂNICA, Fernando Borges. Teoria da reserva do possível: Direitos fundamentais a prestações e a intervenção do Poder Judiciário na implementação de políticas públicas. In: *Revista Brasileira de Direito Público*, Belo Horizonte, ano 5, n. 18, p. 169, jul./set. 2007.
47 SARLET, Ingo Wolfgang. *A eficácia dos direitos fundamentais*. 3. ed. Rev. e ampl. Porto Alegre: Livraria do Advogado, 2003, p. 265.

Não deixo de conferir, no entanto, assentadas tais premissas, significativo relevo ao tema pertinente à "reserva do possível", notadamente em sede de efetivação e implementação (sempre onerosas) dos direitos de segunda geração (direitos econômicos, sociais e culturais), cujo adimplemento, pelo Poder Público, impõe e exige, deste, prestações estatais positivas concretizadoras de tais prerrogativas individuais e/ou coletivas. É que a realização dos direitos econômicos, sociais e culturais – além de caracterizar-se pela gradualidade de seu processo de concretização – depende, em grande medida, de um inescapável vínculo financeiro subordinado às possibilidades orçamentárias do Estado, de tal modo que, comprovada, objetivamente, a incapacidade econômico-financeira da pessoa estatal, desta não se poderá razoavelmente exigir, considerada a limitação material referida, a imediata efetivação do comando fundado no texto da Carta Política. Não se mostrará lícito, no entanto, ao Poder Público, em tal hipótese – mediante indevida manipulação de sua atividade financeira e/ou político-administrativa – criar obstáculo artificial que revele o ilegítimo, arbitrário e censurável propósito de fraudar, de frustrar e de inviabilizar o estabelecimento e a preservação, em favor da pessoa e dos cidadãos, de condições materiais mínimas de existência. Cumpre advertir, desse modo, que a cláusula da "reserva do possível" – ressalvada a ocorrência de justo motivo objetivamente aferível – não pode ser invocada, pelo Estado, com a finalidade de exonerar-se do cumprimento de suas obrigações constitucionais, notadamente quando, dessa conduta governamental negativa, puder resultar nulificação ou, até mesmo, aniquilação de direitos constitucionais impregnados de um sentido de essencial fundamentalidade.

Prossegue o eminente ministro:

É certo que uma Justiça sem juiz, puramente mecânica, é uma Justiça sem equidade, porém, uma Justiça sem legislador é por demais arbitrária e priva o destinatário da norma da necessária segurança jurídica. Entretanto, não se pode perder de vista que a administração da Justiça deve ser um ajuste entre a segurança e a equidade, entre a letra fria da lei e o seu espírito. Nos dias atuais, o juiz é detentor de um poder (poder jurisdicional) e não é mais considerado simplesmente como aquele que aplica friamente a lei (a boca da lei), pois, ainda que obrigado a seguir as prescrições legais, possui uma margem de liberdade de apreciação, fazendo escolhas que objetivam a busca da solução mais adequada para os casos concretos examinados. Essas escolhas, obviamente, dependem de juízos de valor e suas decisões devem ser fundamentadas, de forma a se justificar perante as partes e a opinião pública. O juiz deve buscar conciliar a segurança jurídica com a equidade e o interesse geral, preservando diversos valores que lhe cabem salvaguardar.

Não se discute que a política pública implementada ou o tratamento implementado pelo Sistema Único de Saúde (SUS), já constante dos Protocolos Clínicos e Diretrizes Terapêuticas (PCDT), deva ser privilegiado. O problema é quando o SUS não disponibiliza nenhum tratamento, o que ocorre com os medicamentos de alto custo ou de dispensação excepcional na esmagadora maioria das vezes. Nesses casos, o Poder Judiciário atua "superando por via judicial as omissões do Poder Público, mesmo ao custo de um ativismo judicial que não tem raízes profundas na tradição brasileira, mas que vem em boa hora"[48].

A tarefa de formular e implementar políticas públicas não é atividade típica do Poder Judiciário. Implementar uma prestação material para a efetivação de direitos não dispensa que sejam feitas escolhas políticas e tomada de decisões que envolvem custos, o que é afeto aos demais poderes. Entretanto, a ausência ou insuficiência da atuação dos poderes Executivo

---

48 BARROSO, Luís Roberto. *O direito constitucional e a efetividade de suas normas:* limites e possibilidades da Constituição Brasileira. Rio de Janeiro: Renovar, 2002, p.111.

e Legislativo abriu espaço para a atuação do Poder Judiciário, ao qual foram direcionados milhares de ações com pedidos de fornecimento de medicamentos e de tratamento que assoberbaram as escrivaninhas forenses e cujo fenômeno denominou-se de "judicialização da saúde"[49].

A jurisprudência do STF já havia assentado entendimento de que o Poder Judiciário pode determinar que a administração pública adote medidas assecuratórias de direitos constitucionalmente reconhecidos como essenciais, sem que isso configure violação do princípio da separação dos poderes, inserto no artigo 2º da Constituição Federal.

O STF já firmou entendimento a favor da legitimidade do Poder Judiciário para determinar a concretização de políticas públicas constitucionalmente previstas, diante da omissão da administração pública, sem qualquer ofensa à separação dos poderes. O julgamento da ADPF nº 45 deixou importante legado ao exercício que se entende possível e desejável da jurisdição constitucional brasileira, com vistas à proteção dos direitos sociais não abrangidos por políticas públicas:

> *É certo que não se inclui, ordinariamente, no âmbito das funções institucionais do Poder Judiciário – e nas da Suprema Corte, em especial – a atribuição de formular e de implementar políticas públicas, pois, nesse domínio, o encargo reside, primariamente, nos Poderes Legislativo e Executivo. Tal incumbência, no entanto, embora em bases excepcionais, poderá atribuir-se ao Poder Judiciário, se e quando os órgãos estatais competentes, por descumprirem os encargos político-jurídicos que sobre eles incidem, vierem a comprometer, com tal comportamento, a eficácia e a integridade de direitos individuais e/ou coletivos impregnados de estatura constitucional, ainda que derivados de cláusulas revestidas de conteúdo programático. Cabe*

---

[49] Segundo dados do Conselho Nacional de Justiça no ano de 2019, mencionados no 15º relatório compreendem 2.228.531 pedidos, considerados cumulativamente, em trâmite no 1º grau, no 2º grau, nos Juizados Especiais, no Superior Tribunal de Justiça, nas Turmas Recursais e nas Turmas Regionais de Uniformização. Disponível em: https://www.cnj.jus.br/wp-content/uploads/conteudo/arquivo/2019/08/justica_em_numeros20190919.pdf. Acesso em: 23/12/2019.

assinalar, presente esse contexto – consoante já proclamou esta Suprema Corte – que o caráter programático das regras inscritas no texto da Carta Política não pode converter-se em promessa constitucional inconsequente, sob pena de o Poder Público, fraudando justas expectativas nele depositadas pela coletividade, substituir, de maneira ilegítima, o cumprimento de seu impostergável dever, por um gesto irresponsável de infidelidade governamental ao que determina a própria Lei Fundamental do Estado[50].

E assim o fez por diversas ocasiões como forma de garantir o mínimo existencial para os cidadãos. Novamente, o ministro Celso de Mello, quando no exercício da presidência do STF, no biênio 1997-1999, apreciando o pedido 1426/sc – ARE_727864 (agravo em recurso especial) – proferiu decisão cujo fragmento é essencial:

[...] entre proteger a inviolabilidade do direito à vida e à saúde – que se qualifica como subjetivo inalienável assegurado a todos pela própria Constituição da República (art. 5º, caput, e art. 196) – ou fazer prevalecer, contra essa prerrogativa fundamental, um interesse financeiro se secundário do Estado, entendo, uma vez configurado esse dilema, que razões de ordem ético-jurídica impõem, ao julgador, uma só e possível opção: aquela que privilegia o respeito indeclinável à vida e à saúde humanas.

Contudo, há entendimentos igualmente significativos de que não há direito subjetivo constitucional universal, gratuito, incondicional e a qualquer custo como meio de proteção à saúde. Álvaro Nagib Atallah assim pondera:

Há várias razões que determinam limites ao referido direito, a começar pela identificação do que seriam os meios adequados

---

50 STJ 175/1212-1213. Rel. min. Celso de Mello.

> *de proteção à saúde. Não são certamente apenas os que se dirigem a recuperar a saúde já comprometida (hospitalização, atendimento médico, fornecimento de medicamentos). Para a proteção da saúde concorrem, decisivamente, as medidas preventivas de toda a natureza (alimentação, moradia, saneamento básico, educação)[51].*

Continuando, o professor cita Otávio Luiz Motta Ferreira, no mesmo sentido:

> *Ainda que soubéssemos exatamente que políticas são eficazes para se garantir o mais alto grau de saúde possível a toda a população, seria impossível implementar todas essas políticas. Nenhum país do mundo, nem mesmo o mais rico de todos, teria recursos suficientes para atingir esse objetivo. Isso porque, enquanto as necessidades de saúde são praticamente infinitas, os recursos para atendê-las não o são, e a saúde, apesar de um bem fundamental e de especial importância, não é o único bem que a sociedade tem interesse em usufruir[52].*

As duas referências citadas são os opostos da análise da situação. Concordamos que a prevenção com moradia digna, saneamento e educação são políticas públicas que corroboram para a vida saudável das pessoas e são imprescindíveis. Mas não podemos desconhecer que esses fatores não são minimamente suficientes quando se trata de pessoas com doenças raras e, para estas, o olhar tem que ser diferenciado ou não estaremos utilizando o princípio da igualdade material.

Os fatores genéticos são responsáveis por 80% das causas das doenças raras. Há milhares de pessoas que não vivem em situação de pobreza ou em locais sem saneamento ou sem a possibilidade de acesso aos melhores centros educacionais que se imagine existir. Para todas, a prioridade

---

51 ATALLAH, Álvaro Nagib. Prefácio. In: SCHULZE, Clenio. *Direito à saúde à luz da judicialização*, João Pedro Gebran Neto – Porto Alegre: Verbo Jurídico, 2015, p. 7.
52 FERRAZ, Otávio Luiz Motta; VIEIRA, Fabíola Sulpino. Direito à saúde, recursos escassos e equidade. In: *Dados – Revista de Ciências Sociais*, RJ, v. 52, p. 226.

não é o saneamento ou acesso à escola, para estas discute-se o direito à vida. Com efeito, o Brasil é o país da desigualdade. As necessidades de cada um são diferentes, mas o Estado tem que atender a todos. Não cremos que avanços possam ser alcançados enquanto não houver uma conscientização de que as pessoas com doenças raras – também alcançadas pela Constituição – precisam de um olhar diferenciado. E, para isso, não cansamos de repetir a necessidade de serem ouvidas *(Nothing about us without us)*.

No que se refere especificamente ao deferimento de medidas para assegurar o direito à saúde, recentemente, por meio do julgamento do Recurso Extraordinário 657718, a Corte Constitucional estabeleceu os parâmetros a serem adotados pelas instâncias inferiores quando do julgamento das ações judiciais em trâmite para obtenção de medicamentos, contemplando também as doenças raras. Mas tudo começou em 2009.

Nesse ano, o STF convocou uma audiência pública para aprofundar a compreensão e o debate das demandas relativas ao direito à saúde. A Corte se mostrou sensível aos inúmeros pedidos de Suspensão de Segurança, Suspensão de Liminar e Suspensão de Tutela Antecipada, à forma de custeio de tratamentos que estavam sendo deferidos nas instâncias inferiores e aos reflexos na economia e na saúde pública que as decisões poderiam gerar.

A Corte não podia deixar de considerar que o direito à saúde não tem preço, mas que a sua efetivação tem custo. Custo alto. Nesse cenário, avaliou que os recursos estatais para a efetivação desse direito social são finitos, de modo que a judicialização indiscriminada no fornecimento de medicamentos à população, seja em sede de cognição sumária (liminares) ou cognição exauriente (sentenças e acórdãos), representaria algum risco à organização e ao planejamento das políticas públicas para a área da saúde.

A audiência pública contou com a participação de diversos segmentos da sociedade. Os debates orbitaram sobre relevantes temas: a responsabilidade dos entes federados em fornecer tratamentos não contemplados pelo SUS, a possibilidade de o Judiciário implementar a política individualmente a partir de uma decisão judicial, a possibilidade do fornecimento de tratamento ainda em fase de pesquisa e experimental, a obrigatoriedade ou não do registro na Anvisa.

Na audiência pública participaram 47 pessoas na condição de representantes dos poderes, gestores de saúde, Ministério Público de diferentes instâncias, Advocacia Geral da União, Associações de Magistrados, universidades, Conselhos de Medicina etc. O evento, no entanto, contou com a participação de representantes de apenas quatro doenças raras específicas: mucoviscidose, hipertensão arterial pulmonar, doenças reumáticas e mucopolissacaridose. Pessoas com doenças raras que também submetem pedidos de medicamentos ou tratamento para o Judiciário e que, justamente pela raridade da condição, precisam de um olhar diferenciado, não estavam devidamente representadas na audiência pública. Diante disso, o mantra *Nothing about us without us* pode estar sendo subutilizado.

Como decorrência da audiência pública, o Conselho Nacional de Justiça (CNJ), ao qual cabe, dentre outras nobres atribuições, aperfeiçoar o sistema judiciário visando sua eficiência, racionalização e produtividade (Resolução nº 67/2009, D.O.U. 09/03/2009), por meio da Resolução nº 107/2010, instituiu um grupo de trabalho denominado Fórum Nacional de Saúde para o monitoramento das demandas que envolvem o direito à saúde, a fim de propor medidas concretas para o aperfeiçoamento de procedimentos, o reforço à efetividade dos processos judiciais e a prevenção de novos conflitos.

O artigo 2º estabeleceu como atribuições do Fórum:

- o monitoramento das ações judiciais que envolvam prestações de assistência à saúde, como o fornecimento de medicamentos, produtos ou insumos em geral, tratamentos e disponibilização de leitos hospitalares;
- o monitoramento das ações judiciais relativas ao Sistema Único de Saúde;
- a proposição de medidas concretas e normativas voltadas à otimização de rotinas processuais, à organização e estruturação de unidades judiciárias especializadas;

- a proposição de medidas concretas e normativas voltadas à prevenção de conflitos judiciais e à definição de estratégias nas questões de direito sanitário;
- o estudo e a proposição de outras medidas consideradas pertinentes ao cumprimento do objetivo do Fórum Nacional.

Mais tarde, em 2016, preocupado em fornecer ferramentas e subsídios para a atuação dos magistrados, o Conselho Nacional de Justiça publicou a Resolução nº 238, para impor aos Tribunais de Justiça e aos Tribunais Regionais Federais a criação de Comitês Estaduais de Saúde, com composição plural, inclusive de usuários. Tinham por atribuição criar núcleos de apoio técnico (Nat-Jus), compostos por médicos e farmacêuticos para a elaboração de pareceres com amparo na medicina baseada em evidências e, com isso, municiar os magistrados de apoio técnico.

O Nat-Jus foi concebido como uma plataforma eletrônica e como um banco de pareceres para pesquisa acessível aos usuários, autoridades, magistrados, gestores públicos e cidadãos. Os laudos e pareceres inseridos no Nat-Jus são feitos por técnicos e se prestam a dar ferramentas para os juízes, que vão decidir pelo fornecimento ou não de um medicamento no bojo de um processo judicial. Para que as informações sejam precisas e completas, a colaboração de médicos e farmacêuticos era indispensável.

Os juízes não têm o conhecimento que os médicos têm e amparam-se nessa ferramenta para saber se a informação dada pelo médico da parte é verdadeira, e podem valer-se do Nat-Jus para a formação de seu convencimento. Mas trata-se de uma ferramenta de natureza apenas consultiva, sem nenhum efeito vinculante.

Sempre que possível, as decisões liminares sobre saúde devem ser precedidas de notas de evidência científica emitidas por Núcleos de Apoio Técnico em Saúde (Nats), sem, contudo, abdicar da prova pericial. Todas essas medidas foram adotadas para enfrentar o volume de processos em trâmite no Poder Judiciário, que veio a ser chamado de "judicialização da saúde", como já mencionado.

Como decorrência da audiência pública, em 2010 firmou-se importante precedente consoante à interpretação dada pelo STF, no julgamento do Agravo Regimental interposto em face de decisão que indeferiu o pedido de Suspensão de Tutela Antecipada nº 175, relatado pelo ministro Gilmar Mendes, então presidente da Corte. Na ocasião, a Suprema Corte reconheceu expressamente e definiu alguns parâmetros para a solução judicial dos casos que envolvem direito à saúde, nos termos da decisão:

> [...] o primeiro dado a ser considerado é a existência, ou não, de política estatal que abranja a prestação de saúde pleiteada pela parte. Ao deferir uma prestação de saúde incluída entre as políticas sociais e econômicas formuladas pelo Sistema Único de Saúde (SUS), o Judiciário não está criando política pública, mas apenas determinando o seu cumprimento. Nesses casos, a existência de um direito subjetivo público a determinada política pública de saúde parece ser evidente.
> Se a prestação de saúde pleiteada não estiver entre as políticas do SUS, é imprescindível distinguir se a não prestação decorre de (1) uma omissão legislativa ou administrativa, (2) de uma decisão administrativa de não a fornecer ou (3) de uma vedação legal a sua dispensação.
> [...] registro na ANVISA configura-se como condição necessária para atestar a segurança e o benefício do produto, sendo o primeiro requisito para que o Sistema Único de Saúde possa considerar sua incorporação. Claro que essa não é uma regra absoluta. Em casos excepcionais, a importação de medicamento não registrado poderá ser autorizada pela ANVISA.
> [...] O segundo dado a ser considerado é a existência de motivação para o não fornecimento de determinada ação de saúde pelo SUS. Há casos em que se ajuíza ação com o objetivo de garantir prestação de saúde que o SUS decidiu não custear por entender que inexistem evidências científicas suficientes para autorizar sua inclusão. Nessa hipótese, podem ocorrer,

ainda, duas situações distintas: 1º) o SUS fornece tratamento alternativo, mas não adequado a determinado paciente; 2º) o SUS não tem nenhum tratamento específico para determinada patologia[53].

A princípio, pode-se inferir que a obrigação do Estado, à luz do disposto no artigo 196 da Constituição, restringe-se ao fornecimento das políticas sociais e econômicas por ele formuladas para a promoção, proteção e recuperação da saúde. Isso porque o SUS filiou-se à corrente da "Medicina com base em evidências". Com isso, adotaram-se os Protocolos Clínicos e Diretrizes Terapêuticas (PCDT), conforme discutimos anteriormente nesta obra. Relembrando, os PCDT são um conjunto de critérios que permitem determinar o diagnóstico de doenças e o tratamento correspondente com os medicamentos disponíveis e as respectivas doses. Assim, um medicamento ou tratamento em desconformidade com o protocolo deve ser visto com cautela, pois tende a contrariar o consenso científico vigente.

Ademais, não se pode esquecer de que a gestão do SUS, obrigado a observar o princípio constitucional do acesso universal e igualitário às ações e prestações de saúde, só se torna viável mediante a elaboração de políticas públicas que repartam os recursos (naturalmente escassos) da forma mais eficiente possível.

Obrigar a rede pública a financiar toda e qualquer ação e prestação de saúde existente geraria grave lesão à ordem administrativa e levaria ao comprometimento do SUS, de modo a prejudicar ainda mais o atendimento médico da parcela da população mais necessitada. Dessa forma, podemos concluir que, em geral, deverá ser privilegiado o tratamento fornecido pelo SUS em detrimento de opção diversa escolhida pelo paciente, sempre que não for comprovada a ineficácia ou a impropriedade da política de saúde existente.

Essa conclusão não afasta, contudo, a possibilidade de o Poder Judiciário, ou da própria administração pública, decidir que medida

---

[53] Pedido de Suspensão de Tutela Antecipada nº 175, relatado pelo ministro Gilmar Mendes.

diferente da custeada pelo SUS deve ser fornecida a determinada pessoa que, por razões específicas do seu organismo, comprove que o tratamento fornecido não é eficaz no seu caso. Inclusive, como ressaltado pelo próprio José Gomes Temporão, então ministro da Saúde na audiência pública de 2009, há necessidade de revisão periódica dos protocolos existentes e de elaboração de novos protocolos. Assim, não se pode afirmar que os Protocolos Clínicos e Diretrizes Terapêuticas do SUS são inquestionáveis, o que permite sua contestação judicial.

Situação diferente é a que envolve a inexistência de tratamento na rede pública. Nesses casos, é preciso diferenciar os tratamentos puramente experimentais dos novos tratamentos ainda não testados pelo SUS. Os tratamentos experimentais (sem comprovação científica de sua eficácia) são realizados por laboratórios ou centros médicos de ponta, consubstanciando-se em pesquisas clínicas. A participação nesses tratamentos é regida pelas normas que regulam a pesquisa médica e, portanto, o Estado não pode ser condenado a fornecê-los.

Quanto aos novos tratamentos (ainda não incorporados pelo SUS), é preciso que se tenha cuidado redobrado na apreciação da matéria. Como frisado pelos especialistas ouvidos na audiência pública, o conhecimento médico não é estanque, sua evolução é muito rápida e dificilmente suscetível de acompanhamento pela burocracia administrativa.

Se por um lado a elaboração dos PCDT privilegia a melhor distribuição de recursos públicos e a segurança dos pacientes, por outro a aprovação de novas indicações terapêuticas pode ser muito lenta e, assim, acabar por excluir o acesso de pacientes do SUS a tratamento há muito prestado pela iniciativa privada.

A inexistência de Protocolo Clínico no SUS não pode significar violação ao princípio da integralidade do sistema, nem justificar a diferença entre as opções acessíveis aos usuários da rede pública e as disponíveis aos usuários da rede privada. Nesses casos, a omissão administrativa no tratamento de determinada patologia poderá ser objeto de impugnação judicial, tanto por ações individuais como coletivas. No entanto, é imprescindível que haja instrução processual, com ampla produção de provas, o que poderá configurar um obstáculo à concessão de medida cautelar.

De acordo com essas premissas, devem ser considerados os seguintes fatores quando da avaliação do caso concreto:

- a inexistência de tratamento, procedimento, medicamento similar ou genérico oferecido gratuitamente pelo SUS para a doença, ou, no caso de existência, sua utilização sem êxito pelo postulante ou sua inadequação devido a peculiaridades do paciente;
- a adequação e a necessidade do tratamento ou do medicamento pleiteado para a doença que acomete o paciente;
- a aprovação do medicamento pela Anvisa;
- a não configuração de tratamento experimental.

Em 2018, o Superior Tribunal de Justiça (STJ), pela sistemática do julgamento de recursos repetitivos, restringiu as possibilidades e assentou a concessão de medicamentos não incorporados em atos normativos do SUS, para os casos em que fossem comprovados cumulativamente os seguintes requisitos:

- comprovação, por meio de laudo médico fundamentado e circunstanciado expedido por médico que assiste o paciente, da imprescindibilidade ou necessidade do medicamento, assim como da ineficácia, para o tratamento da moléstia, dos fármacos fornecidos pelo SUS;
- incapacidade financeira de arcar com o custo do medicamento prescrito;
- existência de registro na Anvisa do medicamento.

Em sede de embargos de declaração, o tribunal complementou a decisão e afastou a obrigatoriedade de o poder público fornecer remédios para uso *off label* (aquele prescrito para um uso diferente do que o indicado na bula), salvo nas situações excepcionais autorizadas pela Anvisa. E também estabeleceu a modulação dos efeitos do julgado, definindo que tais critérios somente seriam exigidos para os processos distribuídos a partir da conclusão do referido julgamento, que ocorreu em abril de 2018[54].

O lado escuro

Além dos obstáculos e desafios decorrentes da própria raridade da doença, o relatório do Conselho Econômico e Social da Organização das Nações Unidas aborda tema que não nos é desconhecido: os atos de corrupção. Aqui se incluem todas as práticas de suborno, relações comerciais inadequadas, uso indevido de posições de alto nível, pagamentos informais e demanda judicial induzida. Essas práticas são, com efeito, grandes obstáculos para a promoção e proteção efetiva dos direitos, causando efeitos negativos.

Quaisquer dessas práticas devem ser repudiadas por todos os atores envolvidos, pois dificultam a mobilização de recursos do Estado para os serviços essenciais, principalmente quando se trata do direito à saúde. Os atos de corrupção, em qualquer de suas modalidades, desviam as escassas verbas de onde são mais necessárias, enfraquecem as políticas públicas e reduzem a confiança da população no sistema.

No que diz respeito a possíveis fragilidades na atuação das associações, Rogério Lima Barbosa[55] aponta em sua obra, a partir da análise dos principais eixos de atuação das associações, que há possível relação de submissão aos interesses da indústria farmacêutica, a ponto de comprometer o relacionamento com práticas inadequadas. O autor adota a seguinte classificação:

---

[54] Resp 1657156/RJ, rel. ministro Benedito Gonçalves, Primeira Seção, julgado em 25/4/2018, DJe 4/5/2018.
[55] *O Associativismo faz bem à saúde? O caso das doenças raras.* Disponível em: http://www.scielo.br/scielo.php?script=sci_arttext&pid=S1413-81232018000200417. Acesso em: 27/1/2020.

(i) associações que se ativam na criação de políticas públicas e representatividade;
(ii) associações que promovem a realização de pesquisas para aprofundar o conhecimento na doença;
(iii) associações que se dedicam à compra de medicamentos; e
(iv) associações voltadas para a melhoria da qualidade de vida.

Segundo o autor, as associações menos suscetíveis a sofrer influências da indústria farmacêutica são as que mantêm maior alinhamento com a academia, com as fontes de pesquisa e aquelas voltadas para a melhoria da qualidade de vida.

Christiane Nery e Cintia Medeiros publicaram artigo na *Revista Brasileira de Estudos Organizacionais*[56], em que trazem ao debate a relação entre doenças raras e os medicamentos órfãos, sobretudo relacionando-os à atividade empresarial poderosa e lucrativa da indústria farmacêutica voltada para a exploração desses fármacos. De um lado, há "o desinteresse da indústria no desenvolvimento e na comercialização de medicamentos órfãos, visto o alto custo de investimento em pesquisa e tecnologia, bem como a pouca demanda de mercado, pela baixa prevalência das doenças raras". Por outro, há concessão de incentivos que "estimulam o monopólio das indústrias farmacêuticas, o que torna os medicamentos mais lucrativos, deixando as pessoas com doenças raras mais vulneráveis e sem perspectivas de tratamento". E prosseguem:

> *Doenças raras tornam-se uma mina de ouro para a indústria farmacêutica caso a mesma consiga os benefícios do governo. [...] Assim, o desenvolvimento de fármacos, mesmo que para um pequeno número de clientes, pode gerar lucros em milhões de dólares. Os monopólios são protegidos pelos próprios governos, somado ao público de pacientes bem organizados*

---

[56] *Revista Brasileira de Estudos Organizacionais*. V. 4, n. 2, p. 437-460, dez. 2017, Sociedade Brasileira de Estudos Organizacionais, Christiane Nery Silva Pirett, Cintia Rodrigues de O. Medeiros.

> *em grupos de defesa que espera pelo medicamento, elevam ainda mais os preços dos fármacos e o governo tem o poder de negociação reduzido.*

Para isso, incentivar a entrada de outros medicamentos similares é uma atitude que precisa ser repensada inclusive no âmbito da agência reguladora, asseguradas certamente da segurança, acurácia e efetividade da tecnologia.

Não se desconhece que a judicialização é processo vantajoso para a indústria farmacêutica, como também não se desconhece que o ajuizamento de ação judicial por vezes é a única opção possível para o paciente. Não há como subtrair do cidadão o direito que lhe é assegurado pela Constituição Federal no catálogo de direitos e garantias individuais, mas é certo que a má judicialização deve ser evitada.

É prerrogativa do médico a liberdade de prescrição de medicamentos. Tanto nas instituições privadas como nas públicas é vedado impedir ao médico escolher livremente os meios a serem postos em prática para a execução de um tratamento (Código de Ética Médica, artigo 16).

Os operadores do Direito não têm legitimidade para avaliar a prescrição feita pelo médico, seja para acatá-la, seja para rejeitá-la. Contudo, isso não significa que devam se tornar reféns, adotando-a como verdade absoluta.

A maneira de afastar excessos e abusos na questão da judicialização da saúde é a inafastabilidade da perícia médica. A perícia, dotada de imparcialidade, assegura ao juízo e sobretudo à parte a confirmação do diagnóstico, a certeza de que não há outro tratamento disponível no SUS, ou que, caso exista, deva ser privilegiado, exceto, é claro, se para determinada pessoa esse tratamento for comprovadamente ineficaz.

Por meio da perícia médica, o juiz terá a prova técnica, imparcial, indispensável de premissas elementares: existência do diagnóstico, eficácia do medicamento, impossibilidade de ser substituído por outro fornecido pelo SUS ou por outro de menor custo.

Com a perícia médica, afirmações como "o juiz confia demais nos médicos", veiculadas na imprensa, poderão ser reescritas para informar à sociedade que "o juiz confia na produção da prova técnica colhida nos autos". Essa confiança irá conferir segurança. É salutar para a parte, para o Poder Judiciário, para a sociedade e para os cofres públicos a prova técnica realizada nos autos. A parte não será beneficiada ao acaso para locupletar-se, ou por motivação da indústria farmacêutica. A parte será beneficiada porque comprovou uma necessidade amparada pelo direito estampado na Constituição da República.

Acredita-se, portanto, que a obrigatoriedade da perícia, no bojo da ação judicial, deva ser inafastável, para a segurança de todos os envolvidos: parte, Poder Judiciário e cofres públicos.

CONCLUSÃO

O objetivo deste livro é traçar um amplo cenário das doenças raras no Brasil, tanto do ponto de vista dos poderes Executivo, Legislativo e Judiciário como da sociedade, representada pelas associações de pacientes. Se com esta modesta obra a chama se acender para o debate, para a reflexão de que juntos, governo, iniciativa privada e associações, podemos ainda contribuir muito para as melhores condições de acesso à saúde das pessoas com doenças raras, terei cumprido a minha missão.

E para nos inspirar a olharmos com mais cuidado e atenção para as pessoas com doenças raras, compartilho aqui a história de Antoine e Fernanda Daher. Eles são fundadores da Casa Hunter, instituição sem fins lucrativos que busca garantir soluções nas esferas pública e privada para melhorar a qualidade de vida dessas pessoas.

Antoine é libanês, formado pela Faculdade do Líbano em Ciências Políticas Administrativas, com mestrado nessa matéria pela mesma faculdade. Em sua estada no Brasil, conheceu a Fernanda, que alguns anos mais tarde tornou-se sua esposa.

Sem negar a cultura natal, tornou-se importante empresário do ramo de confecção enquanto Fernanda dedicava-se ao consultório odontológico, até que Anthony nasceu. Aos 3 meses de vida, ele foi diagnosticado com pé torto congênito – usou botas gessadas nas duas pernas para correção durante cinco meses. Quando começou a andar, com 1 ano e 3 meses, era muito agitado e hiperativo. Aos 2 anos e meio começou a falar, mas só perceberam um atraso no seu comportamento quando começou a frequentar a primeira escola, aos 2 anos e 9 meses, ao ser comparado com as crianças da mesma faixa etária.

A partir disso, o casal começou a investigação. Cercado de cuidados, Anthony ia com frequência ao pediatra, que nunca desconfiou de algo mais grave. Mediante a preocupação e insistência dos pais, o pediatra passou o contato de um neuropediatra para poder melhor avaliá-lo. Com uma avaliação minuciosa e vários exames complementares, foi concluído o diagnóstico de mucopolissacaridose. Estavam diante de uma doença rara, gravíssima, progressiva e degenerativa.

Em conversas, lembram até hoje que o médico tinha dito que a sobrevida de Anthony seria de no máximo 10 a 12 anos. Ficaram impactados, sem chão, e caíram em desespero, mas também concluíram que havia duas possibilidades: ou agonizariam com sentimentos de autopiedade ou arregaçariam as mangas para lutar pela vida do filho.

Ainda bem que Antoine e Fernanda não se deram por vencidos e iniciaram juntos uma linda história. Antoine delegou a sua empresa a pessoas de sua confiança, e Fernanda afastou-se de suas atividades para dedicar cem por cento do seu tempo aos cuidados de Anthony. Diferente de muitas famílias, eles tinham situação financeira que lhes permitia fazer isso e tinham ainda dois ingredientes motivadores: determinação e a certeza de que algo podia ser feito.

Com o diagnóstico, o primeiro passo foi compreender a doença em todos os seus aspectos, colher informações com outras famílias, trocar experiências, conhecer centros de pesquisa de outros países, médicos, geneticistas, laboratórios, tudo que pudesse esgotar o conhecimento sobre a doença. Essa é uma curiosidade de pais de raros. Eles geralmente sabem com muito mais profundidade sobre a doença do que os próprios médicos não especialistas.

Vale salientar o cuidado que as famílias têm umas com as outras quando ligadas por uma doença rara. Um sabe que pode contar com o acolhimento do outro e não sonegam informações sobre a melhoria que possa ser alcançada.

Antoine e Fernanda fundaram então a Casa Hunter, que se dedica a cuidar das pessoas com doenças raras no que se refere à facilitação do diagnóstico, ao acolhimento das famílias e acompanhamento das pesquisas clínicas.

Pais, geneticistas e empresários cuidaram de fundar uma associação voltada à pesquisa clínica para mudar e melhorar o cenário das doenças raras no país. Mais de 70% das pesquisas clínicas que foram trazidas para o Brasil tiveram a participação da Casa Hunter.

A associação nasceu para dar respostas. Uma das marcas da Casa Hunter é o "Day Hunter" – sem nenhum custo, a pessoa pode ser atendida por uma equipe multidisciplinar, ter o seu diagnóstico facilitado e receber orientação sobre os cuidados específicos da doença.

Eu tive a sorte de conhecer esse lindo casal – a quem todos que são acolhidos pela Casa Hunter chamam de Anjos da Guarda –, que facilita um modelo de atendimento específico: alimentação, cuidado, multidisciplinaridade. A Casa Hunter não fornece o medicamento, mas, sim, o tratamento multiprofissional, a dieta nutricional, o apoio à família.

O próximo desafio da Casa Hunter é a fundação da "Casa dos Raros", para ampliar ainda mais o campo de respostas para as pessoas e as famílias com doenças raras, o que eu desejo ver realizado em breve.

E o pequeno Anthony está vencendo a doença. Ele participa de uma pesquisa clínica de terapia de reposição enzimática que consegue estabilizar a doença com melhoras significativas em sua condição.

E eu desejo que a força de Antoine, da Cassia Villen, mãe da Renata (história que abriu este livro), e de todos os pais de raros nos contagie para seguirmos firmes, mobilizando todos os atores envolvidos na causa das doenças raras no Brasil.

Anexo I
O que temos no Executivo

PORTARIA Nº 199, DE 30 DE JANEIRO DE 2014

Institui a Política Nacional de Atenção Integral às Pessoas com Doenças Raras, aprova as Diretrizes para Atenção Integral às Pessoas com Doenças Raras no âmbito do Sistema Único de Saúde (SUS) e institui incentivos financeiros de custeio.

O MINISTRO DE ESTADO DA SAÚDE, no uso da atribuição que lhe confere o inciso II do parágrafo único do art. 87 da Constituição, e

Considerando a Lei nº 8.080, de 19 de setembro de 1990, que dispõe sobre as condições para a promoção, proteção e recuperação da saúde, a organização e o funcionamento dos serviços correspondentes e dá outras providências;

Considerando a Lei nº 8.142, de 28 de dezembro de 1990, que dispõe sobre a participação da comunidade na gestão do Sistema Único de Saúde (SUS) e sobre as transferências intergovernamentais de recursos financeiros na área da saúde;

Considerando o Decreto nº 7.508, de 28 de junho de 2011, que regulamenta a Lei nº 8.080, de 1990, para dispor sobre a organização do SUS, o planejamento da saúde, a assistência à saúde e a articulação interfederativa, e dá outras providências;

Considerando o Decreto nº 7.646, de 21 de dezembro de 2011, que dispõe sobre a Comissão Nacional de Incorporação de Tecnologias no SUS e sobre o processo administrativo para incorporação, exclusão e alteração de tecnologias em saúde pelo SUS;

Considerando a Portaria nº 1.559/GM/MS, de 1º de agosto de 2008, que institui a Política Nacional de Regulação do SUS;

Considerando a Portaria nº 81/GM/MS, de 20 de janeiro de 2009, que institui, no âmbito do SUS, a Política Nacional de Atenção Integral em Genética Clínica;

Considerando a Portaria nº 4.279/GM/MS, de 30 de dezembro de 2010, que estabelece diretrizes para a organização da Rede de Atenção à Saúde no âmbito do SUS;

Considerando a Portaria nº 1.459/GM/MS, de 24 de junho de 2011, que institui, no âmbito do SUS, a Rede Cegonha;

Considerando a Portaria nº 1.600/GM/MS, de 7 de julho de 2011, que reformula a Política Nacional de Atenção às Urgências e institui a Rede de Atenção às Urgências no SUS;

Considerando a Portaria nº 2.488/GM/MS, de 21 de outubro de 2011, que aprova a Política Nacional de Atenção Básica (PNAB), estabelecendo a revisão de diretrizes e normas para a organização da Atenção Básica, para a Estratégia Saúde da Família (ESF) e o Programa de Agentes Comunitários de Saúde (PACS);

Considerando a Portaria nº 3.088/GM/MS, de 23 de dezembro de 2011, que institui a Rede de Atenção Psicossocial para pessoas com sofrimento ou transtorno mental e com necessidades decorrentes do uso de crack, álcool e outras drogas, no âmbito do SUS;

Considerando a Portaria nº 533/GM/MS, de 28 de março de 2012, que estabelece o elenco de medicamentos e insumos da Relação Nacional de Medicamentos Essenciais (RENAME) no âmbito do SUS;

Considerando a Portaria nº 793/GM/MS, de 24 de abril de 2012, que institui a Rede de Cuidados à Pessoa com Deficiência no âmbito do SUS;

Considerando a Portaria nº 841/GM/MS, de 2 de maio de 2012, que publica a Relação Nacional de Ações e Serviços de Saúde (RENASES) no âmbito do SUS;

Considerando a Portaria nº 252/GM/MS, de 19 de fevereiro de 2013, que institui a Rede de Atenção à Saúde das Pessoas com Doenças Crônicas no âmbito do SUS;

Considerando a Portaria nº 963/GM/MS, de 27 de maio de 2013, que redefine a Atenção Domiciliar no âmbito do SUS;

Considerando a Portaria nº 1.554/GM/MS, de 30 de julho de 2013, que dispõe sobre as regras de financiamento e execução do Componente Especializado da Assistência Farmacêutica no âmbito do SUS;

Considerando a Portaria nº 2.135/GM/MS, de 25 de setembro de 2013, que estabelece diretrizes para o processo de planejamento no âmbito do SUS;

Considerando as sugestões dadas à Consulta Pública nº 07, de 10 de abril de 2013, por meio da qual foram discutidos os documentos "Normas para Habilitação de Serviços de Atenção Especializada e Serviços de Referência em Doenças Raras no Sistema Único de Saúde" e "Diretrizes para Atenção Integral às Pessoas com Doenças Raras no âmbito do Sistema Único de Saúde (SUS)";

Considerando a Deliberação da Comissão Nacional de Incorporação de Tecnologias nº 78/ CONITEC, de 2013;

Considerando a Política Nacional de Humanização (PNH);

Considerando a necessidade do atendimento integral e multidisciplinar para o cuidado das pessoas com doenças raras;

Considerando a necessidade de estabelecer normas para a habilitação de Serviços de Atenção Especializada e Serviços de Referência em Doenças Raras no Sistema Único de Saúde;

Considerando a necessidade de estabelecer o escopo de atuação dos Serviços de Atenção Especializada e Serviços de Referência em Doenças Raras no Sistema Único de Saúde, bem como as qualidades técnicas necessárias ao bom desempenho de suas funções no contexto da rede assistencial; e

Considerando a necessidade de auxiliar os gestores na regulação do acesso, controle e avaliação da assistência às pessoas com doenças raras no âmbito do Sistema Único de Saúde (SUS), resolve:

CAPÍTULO I

DAS DISPOSIÇÕES GERAIS

Art. 1º Esta Portaria institui a Política Nacional de Atenção Integral às Pessoas com Doenças Raras, aprova as Diretrizes para Atenção Integral às Pessoas com Doenças Raras no âmbito do Sistema Único de Saúde (SUS) e institui incentivos financeiros de custeio.

Art. 2º A Política Nacional de Atenção Integral às Pessoas com Doenças Raras tem abrangência transversal às redes temáticas prioritárias do SUS, em especial à Rede de Atenção às Pessoas com Doenças Crônicas, Rede de Atenção à Pessoa com Deficiência, Rede de Urgência e Emergência, Rede de Atenção Psicossocial e Rede Cegonha.

Art. 3º Para efeito desta Portaria, considera-se doença rara aquela que afeta até 65 pessoas em cada 100.000 indivíduos, ou seja, 1,3 pessoa para cada 2.000 indivíduos.

CAPÍTULO II

DOS OBJETIVOS

Art. 4º A Política Nacional de Atenção Integral às Pessoas com Doenças Raras tem como objetivo reduzir a mortalidade, contribuir para a redução da morbimortalidade e das manifestações secundárias e a melhoria da qualidade de vida das pessoas, por meio de ações de promoção, prevenção, detecção precoce, tratamento oportuno, redução de incapacidade e cuidados paliativos.

Art. 5º São objetivos específicos da Política Nacional de Atenção Integral às Pessoas com Doenças Raras:

I - garantir a universalidade, a integralidade e a equidade das ações e serviços de saúde em relação às pessoas com doenças raras, com consequente redução da morbidade e mortalidade;

II - estabelecer as diretrizes de cuidado às pessoas com doenças raras em todos os níveis de atenção do SUS;

III - proporcionar a atenção integral à saúde das pessoas com doença rara na Rede de Atenção à Saúde (RAS);

IV - ampliar o acesso universal e regulado das pessoas com doenças raras na RAS;

V - garantir às pessoas com doenças raras, em tempo oportuno, acesso aos meios diagnósticos e terapêuticos disponíveis conforme suas necessidades; e

VI - qualificar a atenção às pessoas com doenças raras.

CAPÍTULO III

DOS PRINCÍPIOS E DAS DIRETRIZES

Art. 6º A Política Nacional de Atenção Integral às Pessoas com Doenças Raras é constituída a partir dos seguintes princípios:

I - atenção humanizada e centrada nas necessidades das pessoas;

II - reconhecimento da doença rara e da necessidade de oferta de cuidado integral, considerando-se as diretrizes da RAS no âmbito do SUS;

III - promoção do respeito às diferenças e aceitação de pessoas com doenças raras, com enfrentamento de estigmas e preconceitos;

IV - garantia de acesso e de qualidade dos serviços, ofertando cuidado integral e atenção multiprofissional;

V - articulação intersetorial e garantia de ampla participação e controle social;

VI - incorporação e uso de tecnologias voltadas para a promoção, prevenção e cuidado integral na RAS, incluindo tratamento medicamentoso e fórmulas nutricionais quando indicados no âmbito do SUS, que devem ser resultados das recomendações formuladas por órgãos governamentais a partir do processo de avaliação e aprovação pela Comissão Nacional de Incorporação de Tecnologias no SUS (CONITEC) e Protocolos Clínicos e Diretrizes Terapêuticas (PCDT); e

VII - promoção da acessibilidade das pessoas com doenças raras a edificações, mobiliário, espaços e equipamentos urbanos.

Art. 7º São diretrizes da Política Nacional de Atenção Integral às Pessoas com Doenças Raras:

I - educação permanente de profissionais de saúde, por meio de atividades que visem à aquisição e ao aprimoramento de conhecimentos, habilidades e atitudes para a atenção à pessoa com doença rara;

II - promoção de ações intersetoriais, buscando-se parcerias que propiciem o desenvolvimento das ações de promoção da saúde;

III - organização das ações e serviços de acordo com a RAS para o cuidado da pessoa com doença rara;

IV - oferta de cuidado com ações que visem à habilitação/ reabilitação das pessoas com doenças raras, além de medidas assistivas para os casos que as exijam;

V - diversificação das estratégias de cuidado às pessoas com doenças raras; e

VI - desenvolvimento de atividades no território que favoreçam a inclusão social com vistas à promoção de autonomia e ao exercício da cidadania.

CAPÍTULO IV

DAS RESPONSABILIDADES

Art. 8º São responsabilidades comuns do Ministério da Saúde e das Secretarias de Saúde dos Estados, do Distrito Federal e dos Municípios em seu âmbito de atuação:

I - garantir que todos os serviços de saúde que prestam atendimento às pessoas com doenças raras possuam infraestrutura adequada, recursos humanos capacitados e qualificados, recursos materiais, equipamentos e insumos suficientes, de maneira a garantir o cuidado necessário;

II - garantir o financiamento tripartite para o cuidado integral das pessoas com doenças raras, de acordo com suas responsabilidades e pactuações;

III - garantir a formação e a qualificação dos profissionais e dos trabalhadores de saúde de acordo com as diretrizes da Política de Educação Permanente em Saúde (PNEPS);

IV - definir critérios técnicos para o funcionamento dos serviços que atuam no escopo das doenças raras nos diversos níveis de atenção, bem como os mecanismos para seu monitoramento e avaliação;

V - garantir o compartilhamento das informações na RAS e entre as esferas de gestão;

VI - adotar mecanismos de monitoramento, avaliação e auditoria, com vistas à melhoria da qualidade das ações e dos serviços ofertados, considerando as especificidades dos serviços de saúde e suas responsabilidades;

VII - promover o intercâmbio de experiências e estimular o desenvolvimento de estudos e de pesquisas que busquem o aperfeiçoamento, a inovação de tecnologias e a disseminação de conhecimentos voltados à promoção da saúde, à prevenção, ao cuidado e à reabilitação/habilitação das pessoas com doenças raras;

VIII - estimular a participação popular e o controle social visando à contribuição na elaboração de estratégias e no controle da execução da Política Nacional de Atenção Integral às Pessoas com Doenças Raras;

IX - contribuir para o desenvolvimento de processos e métodos de coleta, análise e produção de informações, aperfeiçoando permanentemente a confiabilidade dos dados e a capilarização das informações, na perspectiva de usá-las para alinhar estratégias de aprimoramento da gestão, disseminação das informações e planejamento em saúde; e

X - monitorar e avaliar o desempenho e qualidade das ações e serviços de prevenção e de controle das doenças raras no país no âmbito do SUS, bem como auditar, quando pertinente.

Art. 9º Compete ao Ministério da Saúde:

I - prestar apoio institucional às Secretarias de Saúde dos Estados, do Distrito Federal e dos Municípios no processo de qualificação e de consolidação da atenção ao paciente com doença rara;

II - analisar, consolidar e divulgar as informações provindas dos sistemas de informação federais vigentes que tenham relação com doenças raras, que devem ser enviadas pelas Secretarias de Saúde dos Estados, do Distrito Federal e dos Municípios, e utilizá-las para planejamento e programação de ações e de serviços de saúde e para tomada de decisão;

III - definir diretrizes gerais para a organização do cuidado às doenças raras na população brasileira;

IV - estabelecer, através de PCDT, recomendações de cuidado para tratamento de doenças raras, levando em consideração a incorporação de tecnologias pela CONITEC, de maneira a qualificar o cuidado das pessoas com doenças raras;

V - efetuar a homologação da habilitação dos estabelecimentos de saúde que realizam a atenção à saúde das pessoas com doenças raras, de acordo com critérios técnicos estabelecidos previamente de forma tripartite; e

VI - disponibilizar sistema de informação para registro das ações prestadas no cuidado às pessoas com doenças raras em todos os serviços de saúde, seja na atenção básica ou especializada, ambulatorial ou hospitalar.

Art. 10 Às Secretarias de Saúde dos Estados e do Distrito Federal compete:

I - pactuar regionalmente, por intermédio do Colegiado Intergestores Regional (CIR) e da Comissão Intergestores Bipartite (CIB) todas as ações e os serviços necessários para a atenção integral às pessoas com doenças raras;

II - definir estratégias de articulação com as Secretarias Municipais de Saúde com vistas à inclusão da atenção e do cuidado integral às pessoas com doenças raras nos planos municipais, estadual e planejamento regional integrado;

III - apoiar tecnicamente os Municípios para organização e implantação do cuidado para as pessoas com doenças raras;

IV - realizar a regulação visando à garantia do atendimento local, regional, estadual ou nacional às pessoas com doenças raras, de acordo com as necessidades de saúde;

V - analisar os dados estaduais relacionados às doenças raras produzidos pelos sistemas de informação vigentes e utilizá-los de forma a aperfeiçoar o planejamento das ações e a qualificar a atenção prestada às pessoas com doenças raras;

VI - definir os estabelecimentos de saúde de natureza pública, sob sua gestão, que ofertam ações de promoção e prevenção e que prestam o cuidado às pessoas com doenças raras, em conformidade com a legislação vigente;

VII - apoiar os Municípios na educação permanente dos profissionais de saúde a fim de promover a qualificação profissional, desenvolvendo competências e habilidades relacionadas às ações de prevenção, controle e no cuidado às pessoas com doenças raras;

VIII - efetuar e manter atualizado o cadastramento dos serviços de saúde sob sua gestão no sistema de informação federal vigente para esse fim e que realizam a atenção à saúde das pessoas com doenças raras, de acordo com critérios técnicos estabelecidos em Portarias específicas do Ministério da Saúde; e

IX - planejar e programar as ações e os serviços necessários para atender a população de acordo com a contratualização dos serviços, quando for de gestão estadual.

Art. 11 Compete às Secretarias Municipais de Saúde:

I - pactuar regionalmente, por intermédio do Colegiado Intergestores Regional (CIR) e da Comissão Intergestores Bipartite (CIB) todas as ações e os serviços necessários para a atenção integral das pessoas com doenças raras;

II - planejar e programar as ações e os serviços de doenças raras, assim como o cuidado das pessoas com doenças raras, considerando-se sua base territorial e as necessidades de saúde locais;

III - organizar as ações e serviços de atenção para doenças raras, assim como o cuidado das pessoas com doenças raras, considerando-se os serviços disponíveis no Município;

IV - planejar e programar as ações e os serviços necessários para atender a população e operacionalizar a contratualização dos serviços, quando não existir capacidade própria;

V - planejar e programar as ações e os serviços necessários para atender a população de acordo com a contratualização dos serviços, quando de gestão municipal;

VI - realizar regulação visando à garantia do atendimento local, regional, estadual ou nacional às pessoas com doenças raras, de acordo com as necessidades de saúde;

VII - realizar a regulação entre os componentes da rede de atenção à saúde, com definição de fluxos de atendimento à saúde para fins de controle do acesso e da garantia de equidade, promovendo a otimização de recursos segundo a complexidade e a densidade tecnológica necessárias à atenção à pessoa com doenças raras, com sustentabilidade do sistema público de saúde;

VIII - realizar a articulação interfederativa para pactuação de ações e de serviços em âmbito regional ou inter-regional para garantia da equidade e da integralidade do cuidado;

IX - implantar o acolhimento e a humanização da atenção de acordo com a Política Nacional de Humanização (PNH);

X - analisar os dados municipais relativos às ações de prevenção e às ações de serviços prestados às pessoas com doenças raras, produzidos pelos sistemas de informação vigentes e utilizá-los de forma a aperfeiçoar o planejamento das ações locais e a qualificar a atenção das pessoas com doenças raras;

XI - definir os estabelecimentos de saúde de natureza pública, sob sua gestão, que ofertam ações de promoção e prevenção e que prestam o cuidado às pessoas com doenças raras, em conformidade com a legislação vigente;

XII - efetuar e manter atualizados os dados dos profissionais e de serviços de saúde que estão sob gestão municipal, públicos e privados, que prestam serviço ao SUS no Sistema do Cadastro Nacional de Estabelecimentos de Saúde (SCNES); e

XIII - programar ações de qualificação para profissionais e trabalhadores de saúde para o desenvolvimento de competências e de habilidades relacionadas às ações de prevenção e de controle das doenças raras.

CAPÍTULO V

DA ORGANIZAÇÃO DA ATENÇÃO

Art. 12 A organização do cuidado das pessoas com doenças raras será estruturada nos seguintes eixos:

I - Eixo I: composto pelas doenças raras de origem genética e organizado nos seguintes grupos:

a) anomalias congênitas ou de manifestação tardia;

b) deficiência intelectual; e

c) erros inatos de metabolismo.

II - Eixo II: composto por doenças raras de origem não genética e organizado nos seguintes grupos:

a) infecciosas;

b) inflamatórias; e

c) autoimunes.

CAPÍTULO VI

DA ESTRUTURA DA LINHA DE CUIDADO DA ATENÇÃO ÀS PESSOAS COM DOENÇAS RARAS

Art. 13 A linha de cuidado da atenção aos usuários com demanda para a realização das ações na Política Nacional de Atenção Integral às Pessoas com Doenças Raras é estruturada pela Atenção Básica e Atenção Especializada, em conformidade com a RAS e seguindo as Diretrizes para Atenção Integral às Pessoas com Doenças Raras no SUS.

§ 1º À Atenção Básica, que é responsável pela coordenação do cuidado e por realizar a atenção contínua da população que está sob sua responsabilidade adstrita, além de ser a porta de entrada prioritária do usuário na rede, compete:

I - realizar ações de promoção da saúde com foco nos fatores de proteção relativos às doenças raras;

II - desenvolver ações voltadas aos usuários com doenças raras, na perspectiva de reduzir os danos relacionados a essas doenças no seu território;

III - avaliar a vulnerabilidade e a capacidade de autocuidado das pessoas com doenças raras e realizar atividades educativas, conforme necessidade identificada, ampliando a autonomia dos usuários e seus familiares;

IV - implementar ações de diagnóstico precoce, por meio da identificação de sinais e de sintomas, e seguimento das pessoas com resultados alterados, de acordo com as diretrizes técnicas vigentes, respeitando-se o que compete a este nível de atenção;

V - encaminhar oportunamente a pessoa com suspeita de doença rara para confirmação diagnóstica;

VI - coordenar e manter o cuidado das pessoas com doenças raras, quando referenciados para outros pontos da RAS;

VII - registrar as informações referentes às doenças raras nos sistemas de informação vigentes, quando couber;

VIII - realizar o cuidado domiciliar às pessoas com doenças raras, de forma integrada com as equipes de atenção domiciliar e com os serviços de atenção especializada e serviços de referência em doenças raras locais e com demais pontos de atenção, conforme proposta definida para a região de saúde; e

IX - implantar o acolhimento e a humanização da atenção de acordo com a PNH.

§ 2º A Atenção Especializada, composta pelo conjunto de pontos de atenção com diferentes densidades tecnológicas para a realização de ações e serviços de urgência, ambulatorial especializado e hospitalar, apoiando e complementando os serviços da atenção básica de forma integral, resolutiva e em tempo oportuno, é composta, ainda, por:

I - Serviço de Atenção Especializada em Doenças Raras, a quem compete oferecer atenção diagnóstica e terapêutica específica para uma ou mais doenças raras, em caráter multidisciplinar; e

II - Serviço de Referência em Doenças Raras, que oferece atenção diagnóstica e terapêutica específica, em caráter multidisciplinar.

§ 3º Compete ao Componente Atenção Domiciliar:

I - realizar o cuidado às pessoas com doença rara de forma integrada com os componentes da Atenção Básica e da Atenção Especializada;

II - implantar o acolhimento e a humanização da atenção de acordo com a PNH;

III - instrumentalizar e orientar cuidadores e familiares para o cuidado domiciliar;

IV - contribuir para a qualidade de vida da pessoa com doença rara no ambiente familiar; e

V - promover ações que auxiliem a autonomia das pessoas com doenças raras.

§ 4º Os pontos de atenção à saúde garantirão tecnologias adequadas e profissionais aptos e suficientes para atender à região de saúde, considerando-se que a caracterização desses pontos de atenção deve obedecer a uma definição mínima de competências e de responsabilidades, mediante articulação dos distintos componentes da RAS.

Art. 14 O componente da Atenção Especializada da Política Nacional de Atenção Integral às Pessoas com Doenças Raras será composto por:

I - Serviço de Atenção Especializada em Doenças Raras; e

II - Serviço de Referência em Doenças Raras.

§ 1º O Serviço de Atenção Especializada em Doenças Raras é o serviço de saúde que possui condições técnicas, instalações físicas, equipamentos e recursos humanos adequados à prestação da atenção especializada em uma ou mais doenças raras.

§ 2º O Serviço de Referência em Doenças Raras é o serviço de saúde que possui condições técnicas, instalações físicas, equipamentos e recursos humanos adequados à prestação da atenção especializada para pessoas com doenças raras pertencentes a, no mínimo, dois eixos assistenciais, de acordo com os seguintes parâmetros:

I - oferte atenção diagnóstica e terapêutica para no mínimo 2 (duas) doenças raras dos grupos do Eixo I de que trata o art. 12 ou;

II - oferte atenção diagnóstica e terapêutica para no mínimo 2 (duas) doenças raras dos grupos do Eixo II de que trata o art. 12 ou;

III - oferte atenção diagnóstica e terapêutica para no mínimo 1 (um) grupo de cada um dos Eixos de que trata o art. 12.

§ 3º Os Serviços de Atenção Especializada e Serviços de Referência em Doenças Raras são responsáveis também por ações diagnósticas, terapêuticas e preventivas às pessoas com doenças raras ou sob risco de desenvolvê-las, de acordo com os dois eixos assistenciais.

Art 15 Compete ao Serviço de Atenção Especializada em Doenças Raras e ao Serviço de Referência em Doenças Raras:

I - compor a RAS regional, de forma que se garantam os princípios, as diretrizes e competências descritas na Política Nacional de Atenção Integral às Pessoas com Doenças Raras;

II - ter uma população definida como de sua responsabilidade para o cuidado, assim como ter vinculado a si os serviços para os quais é a referência para tratamento às pessoas com doenças raras, podendo ser de abrangência local, regional, estadual ou nacional;

III - apoiar os outros serviços de atenção à saúde no que se refere ao cuidado da pessoa com doença rara, participando sempre que necessário da educação permanente dos profissionais de saúde que atuam neste cuidado;

IV - utilizar os sistemas de informação vigentes para registro da atenção dispensada no cuidado às pessoas com doenças raras, conforme normas técnico-operacionais preconizadas pelo Ministério da Saúde;

V - garantir a integralidade do cuidado às pessoas com doenças raras;

VI - reavaliar periodicamente as pessoas, de acordo com cada doença rara;

VII - estabelecer avaliações para verificar outras pessoas em risco de doenças raras;

VIII - encaminhar as pessoas para a Atenção Básica para a continuidade do seguimento clínico, garantindo seu matriciamento;

IX - submeter-se à regulação, fiscalização, monitoramento e avaliação do Gestor Municipal, Estadual e do Distrito Federal, conforme as atribuições estabelecidas nas respectivas condições de gestão;

X - investigar e buscar determinar o diagnóstico definitivo e assegurar a continuidade do atendimento de acordo com as rotinas e as condutas estabelecidas, sempre com base nos PCDT estabelecidos pelo Ministério da Saúde;

XI - garantir, por meio dos profissionais da RAS, o acesso às diversas categorias profissionais necessárias para o cuidado e tratamento integral às pessoas com doenças raras, incluindo as diversas especialidades médicas e profissionais para atendimento ambulatorial e hospitalar de acordo com as necessidades do cuidado às doenças raras;

XII - encaminhar as pessoas para os Centros Especializados de Reabilitação (CER) ou outros com a finalidade de reabilitação para complementaridade do cuidado, sem se eximir de continuar ofertando o cuidado integral às pessoas com doenças raras, garantidos mediante regulação;

XIII - realizar tratamento clínico e medicamentoso, quando houver, das pessoas com doenças raras segundo os PCDT instituídos;

XIV - oferecer atenção diagnóstica e terapêutica específica para uma ou mais doenças raras, em caráter multidisciplinar;

XV - referenciar as pessoas para os Serviços de Referência em Doenças Raras, quando se fizer necessário;

XVI - garantir a investigação diagnóstica e o acompanhamento das doenças para as quais estiverem habilitados;

XVI - acolher o encaminhamento regulado de pessoas com diagnóstico ou suspeita de doença rara, provenientes da atenção básica ou especializada, para fins de investigação e tratamento;

XVIII - garantir, por meio dos profissionais da RAS, o acesso regulado às diversas categorias profissionais necessárias para o cuidado e tratamento integral às pessoas com doenças raras, incluindo as diversas especialidades médicas e profissionais para atendimento ambulatorial e hospitalar de acordo com as necessidades do cuidado às pessoas com doenças raras; e

XIX - oferecer atenção diagnóstica e terapêutica específica, em caráter multidisciplinar, de acordo com os eixos assistenciais e baseados nos PCDT instituídos.

Art. 16 São competências específicas do Serviço de Referência em Doenças Raras:

I - realizar o acompanhamento clínico especializado multidisciplinar à pessoa com doença rara;

II - realizar o aconselhamento genético das pessoas acometidas e seus familiares, quando indicado;

III - apresentar estrutura adequada, realizar pesquisa e ensino organizado, com programas e protocolos estabelecidos, reconhecidos e aprovados pelo comitê de ética pertinente;

IV - subsidiar ações de saúde dos gestores no âmbito das doenças raras, quando necessário;

V - participar como polo de desenvolvimento profissional em parceria com a gestão, tendo como base a PNEPS; e

VI - realizar atividades de educação ao público e aos profissionais de saúde no tema doenças raras, em conjunto com os gestores do SUS, os conselhos de saúde, a comunidade científica e as associações civis relacionadas às doenças raras ou outros representantes da sociedade civil organizada, com o objetivo de promover a compreensão da diversidade humana, dos direitos dos usuários e extinção dos preconceitos, buscando sua integração à sociedade.

Art. 17 Poderão pleitear a habilitação como Serviço de Atenção Especializada em Doenças Raras ou Serviço de Referência em Doenças Raras os estabelecimentos de saúde que obedeçam aos seguintes requisitos mínimos:

I - possuam alvará de funcionamento e se enquadrem nos critérios e normas estabelecidos pela legislação em vigor ou outros que venham a substituí-la ou complementá-la, precipuamente:

a) Resolução - RDC nº 50/ANVISA, de 21 de fevereiro de 2002, que dispõe sobre o Regulamento Técnico para Planejamento, Programação, elaboração e avaliação de projetos físicos de estabelecimentos assistenciais de saúde e suas alterações;

b) Resolução - RDC nº 306/ANVISA, de 6 de dezembro de 2004, que dispõe sobre o Regulamento Técnico para o gerenciamento de resíduos de serviços da saúde; e

c) Resolução - ABNT NBR 9050 - Norma Brasileira de Acessibilidade a edificações, mobiliário, espaços e equipamentos urbanos - que estabelece critérios e parâmetros técnicos a serem observados quando do projeto de construção, instalações e adaptações de edificações, mobiliários, espaços e equipamentos urbanos;

II - disponham dos seguintes serviços de apoio diagnóstico:

a) laboratório de patologia clínica, anatomia patológica e de exames genéticos próprio ou alcançável; e

b) laboratório de imagem próprio ou alcançável; e

III - garantam, junto à RAS, as necessidades de internação (enfermaria e UTI) e cirurgia, que terão seus fluxos regulados conforme pactuações locais.

Parágrafo único. Na hipótese dos estabelecimentos de saúde de que trata o "caput" não oferecerem, dentro de sua estrutura física, as ações e serviços necessários para o cumprimento dos requisitos mínimos para habilitação como Serviço de Atenção Especializada em Doenças Raras ou Serviço de Referência em Doenças Raras, estas ações e serviços poderão ser formalmente referenciados e contratualizados.

Art. 18 Além dos requisitos mínimos de que trata o art. 17, para pleitear a habilitação como Serviço de Atenção Especializada em Doenças Raras, o estabelecimento de saúde deverá cumprir os seguintes requisitos:

I - possuir equipe assistencial composta, no mínimo, por:

a) enfermeiro;

b) técnico de enfermagem; e

c) médico responsável pelo Serviço de Atenção Especializada em Doenças Raras com comprovada experiência na área ou especialidade; e

II - contar com um responsável técnico médico, registrado no Conselho Regional de Medicina, devendo assumir a responsabilidade técnica por uma única unidade habilitada pelo SUS.

Parágrafo único. O responsável técnico de que trata o inciso II poderá atuar como profissional em outro serviço habilitado pelo SUS.

Art. 19 Além dos requisitos mínimos de que trata o art. 17, para pleitear a habilitação como Serviço de Referência em Doenças Raras, o estabelecimento de saúde deverá cumprir os seguintes requisitos:

I - possuir equipe assistencial para cada grupo dos Eixos de que trata o art. 12 composta, no mínimo, por:

a) enfermeiro;

b) técnico de enfermagem;

c) médico com título de especialista na área da especialidade que acompanha, registrado no Conselho Regional de Medicina e/ou comprovação de atuação na doença rara específica por pelo menos 5 (cinco) anos;

d) médico geneticista;

e) neurologista;

f) pediatra (quando atender criança);

g) clínico geral (quando atender adulto);

h) psicólogo;

i) nutricionista (quando atender erros inatos do metabolismo); e

j) assistente social; e

II - contar com um responsável técnico médico, registrado no Conselho Regional de Medicina, devendo assumir a responsabilidade técnica por uma única unidade habilitada pelo SUS.

Parágrafo único. O responsável técnico poderá fazer parte de equipe mínima assistencial, desde que tenha título de especialista na área da especialidade que acompanha e/ou comprovação de atuação na área por pelo menos 5 (cinco) anos para uma das doenças raras acompanhadas pelo Serviço de Referência em Doenças Raras.

Art. 20 Para pleitear a habilitação dos estabelecimentos de saúde, como Serviço de Atenção Especializada em Doenças Raras ou Serviço de

Referência em Doenças Raras, as Secretarias de Saúde dos Estados, do Distrito Federal e dos Municípios encaminharão à Coordenação-Geral de Média e Alta Complexidade (CGMAC/ DAET/SAS/MS):

I - Resolução da CIR e da CIB ou, no caso do Distrito Federal, do Colegiado de Gestão da Secretaria de Saúde (CGSES/DF) contendo:

a) a relação dos estabelecimentos de saúde que realizarão a atenção especializada como Serviço de Atenção Especializada ou Serviço de Referência em Doenças Raras; e

b) a relação dos laboratórios que realizarão os exames diagnósticos, conforme descrito nesta Portaria;

II - atualização dos dados no SCNES dos estabelecimentos a serem habilitados;

III - cópia da publicação em diário oficial do extrato de contrato com o serviço de saúde, quando este não for da rede própria da respectiva secretaria de saúde;

IV - a indicação do(s) eixo(s) assistencial(is) de que trata o art. 12, bem como os grupos de doenças doença(s) para a(s) qual(is) o estabelecimento ofertará a assistência;

V - Formulário de Vistoria disponível no Anexo V, preenchido e assinado pelos respectivos gestores públicos de saúde; e

VI - titulação dos profissionais da equipe mínima assistencial e do responsável técnico cadastrados no SCNES.

§ 1º Poderá ser habilitado mais de 1 (um) Serviço de Atenção Especializada em Doenças Raras dentro do mesmo estabelecimento de saúde.

§ 2º Na hipótese de ocorrência do disposto no § 1º, será acrescido à equipe mínima um profissional médico para cada Serviço de Atenção Especializada em Doenças Raras excedente, sendo os demais profissionais da equipe mínima comuns a todos os Serviços de Atenção Especializada em Doenças Raras habilitados nesse mesmo estabelecimento de saúde.

Art. 21 O Ministério da Saúde avaliará os documentos encaminhados pelas Secretarias de Saúde, podendo proceder a vistoria "in loco" para conceder a habilitação do estabelecimento de saúde.

Parágrafo único. Caso a avaliação seja favorável, a Secretaria de Atenção à Saúde (SAS/MS) tomará as providências para a publicação da Portaria específica de habilitação.

CAPÍTULO VII

DO FINANCIAMENTO

Art. 22 Fica instituído incentivo financeiro de custeio mensal para as equipes profissionais dos estabelecimentos de saúde habilitados como Serviços de Atenção Especializada em Doenças Raras.

§ 1º O incentivo financeiro de que trata o "caput" possuirá o valor de R$ 11.650,00 (onze mil seiscentos e cinquenta reais) por equipe.

§ 2º Quando houver a habilitação de mais de um Serviço de Atenção Especializada em Doenças Raras dentro do mesmo estabelecimento de saúde, o valor de que trata o § 1º será acrescido de R$ 5.750,00 (cinco mil setecentos e cinquenta reais) por serviço excedente, destinado à inclusão de mais 1 (um) profissional médico por serviço.

§ 3º Os recursos do incentivo financeiro de que trata o "caput" serão utilizados exclusivamente nas ações necessárias ao funcionamento adequado dos Serviços de Atenção Especializada em Doenças Raras.

§ 4º O incentivo financeiro de que trata o "caput" será repassado em parcelas mensais pelo Fundo Nacional de Saúde para o fundo de saúde do ente federativo beneficiário.

Art. 23 Fica instituído incentivo financeiro de custeio mensal para as equipes profissionais dos estabelecimentos de saúde habilitados como Serviços de Referência em Doenças Raras.

§ 1º O incentivo financeiro de que trata o "caput" possuirá o valor de R$ 41.480,00 (quarenta e um mil quatrocentos e oitenta reais) por equipe.

§ 2º Os recursos do incentivo financeiro de que trata o "caput" serão utilizados exclusivamente nas ações necessárias ao funcionamento adequado dos Serviços de Referência em Doenças Raras.

§ 3º O incentivo financeiro de que trata o "caput" será repassado em parcelas mensais pelo Fundo Nacional de Saúde para o fundo de saúde do ente federativo beneficiário.

Art. 24 Fica instituído incentivo financeiro para custeio dos procedimentos dispostos no anexo III, a serem incorporados na Tabela de Procedimentos, Medicamentos e OPM do SUS para fins diagnósticos em doenças raras, realizados pelos Serviços de Atenção Especializada em Doenças Raras e Serviços de Referência em Doenças Raras.

§ 1º O incentivo financeiro de que trata o "caput" será efetuado por meio do Fundo de Ações Estratégicas e Compensação (FAEC) pós-produção.

§ 2º Farão jus ao recebimento do incentivo financeiro de que trata o "caput" os estabelecimentos de saúde habilitados, como Serviço de Atenção Especializada em Doenças Raras e Serviços de Referência em Doenças Raras.

§ 3º O repasse dos recursos de que trata este artigo ocorrerá em conformidade com a produção dos respectivos procedimentos informados no Sistema de Informação Ambulatorial (SIA/SUS).

§ 4º O incentivo financeiro previsto neste Capítulo será repassado pelo Fundo Nacional de Saúde para os fundos de saúde dos entes federativos beneficiários, respeitando-se a especificidade do Serviço.

Art. 25 O repasse dos incentivos financeiros de que trata esta Portaria será imediatamente interrompido quando:

I - constatada, durante o monitoramento, a inobservância dos requisitos de habilitação e das demais condições previstas nesta Portaria; e

II - houver falha na alimentação do SIA/SUS, por período superior ou igual a 3 (três) competências consecutivas, conforme Portaria nº 3.462/GM/MS, de 11 de novembro de 2010.

§ 1º Uma vez interrompido o repasse do incentivo financeiro, novo pedido somente será deferido após novo procedimento de habilitação, em que fique demonstrado o cumprimento de todos os requisitos previstos nesta Portaria, hipótese em que o custeio voltará a ser pago, sem efeitos retroativos, a partir do novo deferimento pelo Ministério da Saúde.

§ 2º As situações descritas neste artigo serão constatadas por meio do monitoramento e/ou da supervisão direta do Ministério da Saúde, da Secretaria de Saúde do Estado ou do Distrito Federal ou municipal por auditoria do Departamento Nacional de Auditoria do SUS (DENASUS/SGEP/MS).

Art. 26 Eventual complementação dos recursos financeiros repassados pelo Ministério da Saúde para o custeio das ações da Política é de responsabilidade conjunta dos Estados, do Distrito Federal e dos Municípios, em conformidade com a pactuação estabelecida na respectiva CIB e CIR.

Art. 27 Os recursos financeiros transferidos serão movimentados sob fiscalização do respectivo Conselho de Saúde, sem prejuízo da fiscalização exercida pelos órgãos do sistema de controle interno do Poder Executivo e pelo Tribunal de Contas da União, conforme disposto no art. 3º do Decreto nº 1.232, de 30 de agosto de 1994.

Art. 28 O monitoramento de que trata esta Portaria não dispensa o ente federativo beneficiário de comprovação da aplicação dos recursos financeiros percebidos por meio do Relatório Anual de Gestão (RAG).

Art. 29 O Sistema Nacional de Auditoria (SNA), com fundamento nos relatórios de gestão, acompanhará a conformidade da aplicação dos recursos transferidos nos termos do disposto no art. 5º do Decreto nº 1.232, de 1994.

Art. 30 Para fins do disposto nesta Portaria, o ente federativo beneficiário estará sujeito:

I - à devolução imediata dos recursos financeiros repassados, acrescidos da correção monetária prevista em lei, mas apenas em relação aos recursos que foram repassados pelo Fundo Nacional de Saúde para o respectivo fundo de saúde e não executados nos termos desta Portaria; e

II - ao regramento disposto na Lei Complementar nº 141, de 3 de janeiro de 2012, e no Decreto nº 7.827, de 16 de outubro de 2012, em relação aos recursos financeiros que foram repassados pelo Fundo Nacional de Saúde para o respectivo fundo de saúde e executados parcial ou totalmente em objeto diverso ao originalmente pactuado.

CAPÍTULO VIII

DA AVALIAÇÃO E DO MONITORAMENTO

Art. 31 Os estabelecimentos de saúde autorizados a prestarem a atenção à saúde às pessoas com doenças raras no âmbito do SUS estarão submetidos à regulação, controle e avaliação pelos respectivos gestores públicos de saúde.

Art. 32 O Ministério da Saúde monitorará e avaliará periodicamente o atendimento contínuo dos serviços prestados para manutenção do repasse dos recursos financeiros ao ente federativo beneficiário, de acordo com as informações no SIA/SUS e Sistema de Informação Hospitalar (SIH/SUS).

Art. 33 As Secretarias de Saúde dos Estados e dos Municípios adotarão as providências necessárias ao cumprimento das normas estabelecidas nesta Portaria, podendo estabelecer normas de caráter suplementar, a fim de adequá-las às especificidades locais ou regionais.

Art. 34 O Departamento de Regulação, Avaliação e Controle de Sistemas (DRAC/SAS/MS), em conjunto com a CGMAC/ DAET/SAS/MS, será responsável pelo monitoramento e a avaliação contínua dos Serviços de Atenção Especializada em Doenças Raras e dos Serviços de Referência em Doenças Raras.

CAPÍTULO IX

DAS DISPOSIÇÕES FINAIS

Art. 35 A solicitação dos exames para diagnóstico das doenças raras, conforme descrito nesta Portaria, será facultado apenas aos estabelecimentos habilitados como Serviço de Atenção Especializada em Doenças Raras ou Serviços de Referência em Doenças Raras.

Art. 36 As Diretrizes para Atenção Integral às Pessoas com Doenças Raras no âmbito do SUS serão disponibilizadas no endereço eletrônico http://www.portal.saude.gov.br.

Art. 37 Os medicamentos e as fórmulas nutricionais incorporados pela CONITEC e constantes dos protocolos clínicos e diretrizes terapêuticas para os cuidados das pessoas com doenças raras serão objeto de pactuação tripartite no âmbito da assistência farmacêutica e dispostos em atos específicos.

Art. 38 A APAC emitida para a realização dos procedimentos de avaliação clínica para diagnóstico de doenças raras - Eixo I: 1 - Anomalias congênitas ou de manifestação tardia, Eixo I: 2 - Deficiência Intelectual e Eixo I: 3 - Erros Inatos do Metabolismo, terão validade fixa de 3 (três) competências.

§ 1º Na APAC inicial dos procedimentos descritos no "caput" deverá ser registrado o procedimento principal (códigos:03.01.01.019-6 ou 03.01.01.020-0 ou 03.01.01.021-8) de avaliação clínica para diagnóstico de doenças raras com o quantitativo 1 (um) com os procedimentos secundários realizados.

§ 2º A partir da segunda competência (APAC de continuidades), se houver necessidade de novos procedimentos secundários, o procedimento principal de avaliação clínica para diagnóstico de doenças raras deverá ser registrado com o quantitativo zerado e os respectivos procedimentos secundários realizados quantificados, durante o período de validade da APAC.

Art. 39 Fica incluído na Tabela de Serviços Especializados do SCNES o Serviço de ATENÇÃO ÀS PESSOAS COM DOENÇAS RARAS (código - 167) com as respectivas classificações, conforme o Anexo I.

Art. 40 Ficam incluídas na Tabela de Habilitações do SCNES, Grupo de habilitação 35 - Atenção às Pessoas com Doenças Raras, as habilitações, conforme definido no Anexo II.

Art. 41 Ficam incluídos na Tabela de Procedimentos, Medicamentos, Órteses, Próteses e Materiais Especiais do SUS os procedimentos referentes à assistência às pessoas com doenças raras no SUS, conforme disposto no Anexo III.

Art. 42 Ficam incluídas compatibilidades entre procedimentos da Tabela de Procedimentos, Medicamentos, Órteses, Próteses e Materiais Especiais do SUS referentes aos procedimentos relativos à assistência às pessoas com doenças raras no SUS, conforme disposto no anexo IV.

Art. 43 Ficam alterados na Tabela de Procedimentos do SUS os atributos dispostos no anexo VI.

Art. 44 Os recursos orçamentários objeto desta Portaria correrão por conta do orçamento do Ministério da Saúde, devendo onerar o Programa de Trabalho 10.302.2015.8585 Atenção à Saúde da População para Procedimentos de Média e Alta Complexidade (Plano Orçamentário 0007).

Art. 45 Esta Portaria entra em vigor na data de sua publicação, com efeitos operacionais a partir da competência posterior a sua publicação.

Anexo II
O que temos no Legislativo

LEI Nº 13.693, DE 10 DE JULHO DE 2018.

Institui o Dia Nacional de Doenças Raras.

O PRESIDENTE DA REPÚBLICA Faço saber que o Congresso Nacional decreta e eu sanciono a seguinte Lei:

Art. 1º Fica instituído o Dia Nacional de Doenças Raras, que será celebrado, anualmente, no último dia do mês de fevereiro.

Art. 2º Esta Lei entra em vigor na data de sua publicação.

Brasília, 10 de julho de 2018; 197º da Independência e 130º da República.

MICHEL TEMER
Gilberto Magalhães Occhi
Gustavo do Vale Rocha

MATRIX